Ricardo Madureira

Agenda Ortográfica & Gramatical

Seu Português em Dia

EDITORA
CIÊNCIA MODERNA

Agenda Ortográfica e Gramatical: Seu Português em dia

Editor: Paulo André P. Marques
Produção Editorial: Dilene Sandes Pessanha
Capa: Daniel Jara
Diagramação: Daniel Jara
Copidesque: Equipe Ciência Moderna

FICHA CATALOGRÁFICA

MADUREIRA, Ricardo

Agenda Ortográfica e Gramatical: Seu Português em dia

Rio de Janeiro: Editora Ciência Moderna Ltda., 2024.

1. Gramática
I — Título

ISBN: 978-65-5842-369-0 CDD 372.61

Editora Ciência Moderna Ltda.
R. Alice Figueiredo, 46 – Riachuelo
Rio de Janeiro, RJ – Brasil CEP: 20.950-150
Tel: (21) 2201-6662/ Fax: (21) 2201-6896
E-MAIL: LCM@LCM.COM.BR
WWW.LCM.COM.BR

04/24

Apresentação

Como Usar Este Livro?

Este é um livro diferente: escrito em linguagem acessível, é destinado ao público não especializado, para que os leitores possam aperfeiçoar seu domínio do idioma sem a complicada linguagem das gramáticas especializadas; pressupõe, naturalmente, algum conhecimento básico de nomenclatura (verbo, substantivo, sujeito, objeto, etc.), mas tudo é explicado da maneira mais direta possível.

Sugestões de Estudo

Você pode ler apenas uma dica por dia (por exemplo, leitura de cabeceira). São 365 dicas, para você entrar o ano novo com um objetivo: aperfeiçoar-se! Algumas dicas são maiores, demandam mais explicação: outras são menores, mais diretas.

Se o leitor desejar, pode estudar as dicas de toda uma semana, naquele dia que lhe for mais conveniente. A leitura não tomará muito tempo.

Sugerimos, entretanto, não exceder esse limite, para que você dê tempo de sua mente absorver cada dica. Devagar e sempre, sem pressa, mas sem lentidão, você chegará à última dica!

Teste de Verificação de Progresso

Após concluir a leitura das dicas semanais, faça os "testes de progresso", no final do livro, e confira em seguida as suas repostas; somente depois, avance para a leitura dos itens da semana seguinte.

Teste Final

O livro encerra-se com um teste com um apanhado de questões mais essenciais na linguagem cotidiana, acompanhado das respostas.

Por fim, note-se que é um livro que poderá ser relido, na íntegra ou em partes, de tempos em tempos.

Vou dar o "Bizu" (Bezout)

"Bizu" é uma gíria difundida nos cursinhos preparatórias para vestibulares e concursos públicos, que significa dica, macete; provém do nome de um matemático francês, Etienne Bezout (1730 - 1783), cujos livros tornaram-se referência máxima, de tal modo que o sobrenome do prestigiado teórico, por metonímia, passou a significar o seu próprio livro; assim, alguém poderia dizer, por exemplo, "Me passa o Bezout, por favor!" (isto é, "Passe-me o livro do Bezout..."). No Brasil tivemos caso semelhante: "Voce poderia me emprestar o Aurélio?", em referência ao dicionário de Aurélio B. de Hollanda Ferreira.

Esperamos que o leitor se divirta com a leitura deste livro, tanto quanto foi divertido, para o autor, escrevê-lo!

Língua Portuguesa

Olavo Bilac (1865-1918)

Última flor do Lácio, inculta e bela,
És, a um tempo, esplendor e sepultura:
Ouro nativo, que na ganga impura
A bruta mina entre os cascalhos vela...

Amo-te assim, desconhecida e obscura.
Tuba de alto clangor, lira singela,
Que tens o trom e o silvo da procela,
E o arrolo da saudade e da ternura!

Amo o teu viço agreste e o teu aroma
De virgens selvas e de oceano largo!
Amo-te, ó rude e doloroso idioma,

Em que da voz materna ouvi: "meu filho!",
E em que Camões chorou, no exílio amargo,
O gênio sem ventura e o amor sem brilho!

Dedicatória

* À minha saudosa mãe (*in memoriam*), minha primeira professora, sobre todas as coisas além das matérias escolares!

* Aos estudiosos da língua portuguesa, que ainda veem as questões da gramática normativa como importantes elementos formadores do nosso intelecto.

Sumário

Semana 1

Dia 1 - Data: ___/___/___

1. A BOLSA CUSTOU CARA. (OU: "CARO"?)

Com **verbos de ligação** (ser, estar, ficar, tornar-se, etc.), usa-se o **adjetivo**, que é uma classe de **palavras variáveis**, isto é, admitem variação de **gênero** ("caro" e "cara"), **número** ("caro" e "caros") e **grau** ("carinho", "caríssimo", "muito caro").

Com **verbos nocionais** (isto é, os não de ligação), usa-se o **adjetivo** com valor de **advérbio**. Como os advérbios são **invariáveis**, a palavra "caro" deverá permanecer invariável. Possíveis construções:

Com **verbos de ligação** ("caro" varia):

O sapato foi *caro*.
A bolsa foi *cara*.
As bolsas foram *caras*.
O sapato e a bolsa foram *caros*.

Com **verbos nocionais** ("caro" não varia):

O relógio custou *caro*.
A bolsa custou *caro*.
As bolsas custaram *caro*.
A bolsa e o relógio custaram *caro*.

Há quem vê "lógica" na construção "As bolsas custaram caras". Bem... a ser assim, a construção seguinte deveria ser considerada correta: "Estas roupas custaram *baratas*" (moeda estranha, não?).

Dia 2 - Data: ___/___/___

2. A ENCICLOPÉDIA A QUE VOCÊ SE REFERE... (OU: À CRASEADO?)

Antes do **pronome relativo** "que", em construções semelhantes, substitua o feminino (no caso, "enciclopédia") por uma palavra masculina; se ocorrer "ao(s)" no masculino, haverá crase no feminino, obrigatoriamente (substituição: "coletânea" → "dicionário"):

O dicionário *a* que você se refere está esgotado.

Como não ocorreu "ao", não ocorre crase no feminino:

A enciclopédia *a* que você se refere está esgotada.

Em suma, nunca ocorre crase antes do **relativo** "que". Compare, então, com "qual", **relativo** equivalente:

A enciclopédia *à* qual você se refere está esgotada.

Há crase antes de "qual" porque ocorre "ao" no masculino:

O dicionário *ao* qual você se refere ...

Observação: Na frase "Esta bolsa é igual à que comprei", não está ocorrendo crase antes do **relativo** "que", mas sim antes de palavra implícita: "... é igual à (bolsa) que comprei".

Dia 3 - Data: ___/___/___

3. À DISTÂNCIA OU A DISTÂNCIA?

Nas **locuções adverbiais femininas**, usa-se o acento de **crase**, embora não ocorra de fato a fusão da **preposição** "a" + **artigo definido** "a(s)" (as duas condições obrigatórias para a **crase**). Antigamente, em se tratando de **locuções**, usava-se o acento com mais "economia", apenas quando havia "risco" de ambiguidade. Modernamente, mesmo seu uso condenado em **locuções adverbiais de instrumento** tem sido aceito, o que também é o caso da **locução** "à distância". Outrora, sugeria-se que o acento só fosse empregado caso a palavra "distância" viesse determinada, mas hoje em dia se pode escrever, indiferentemente, com ou sem o acento.
Possíveis construções:

> Faço um curso *a* distância. (preferencialmente)
> "Cursos *à* distância," informava o anúncio no *site*. (possível)
> Estávamos *à* distância <u>de dois metros</u>. (acento obrigatório, devido à determinação em destaque)

> ***ATENÇÃO!*** → Quando viu *a* distância, desistiu da caminhada. (Cf.: "Quando viu o percurso, desistiu...") ("a distância", aqui, não é **locução adverbial**, mas sim **objeto direto**: indica a coisa vista)

> Ficou observando a discussão *a*/ *à* distância. (isto é, observou a discussão, estando a certa distância) (**locução adverbial de lugar**)

BIZU → O teste de verificação da **crase**, substituindo-se o feminino pelo masculino, para verificar a ocorrência de "ao", nem sempre pode ser aplicado ao caso das **locuções adverbiais**, nos quais o estudo do assunto deve ser feito separadamente, desconsiderando-se a regra geral "ao" → "à" (esta, sim, pode ser aplicada em cem por cento dos casos, sem exceções).

Dia 4 - Data: ___/___/___

4. AGENTE OU A GENTE (JUNTO OU SEPARADO?)

"Agente" (junto, como uma única palavra) é um profissional que trabalha para uma agência: podemos falar em um "agente de viagens", um "agente financeiro" (um banco, por exemplo) ou até um "agente secreto". "A gente" (separadamente, duas palavras) significa "as pessoas", "nós", etc. Cf.:

O *agente* secreto interrogou *a gente.* (isto é, "interrogou-nos")

BIZU → Se "agência" é uma única palavra, "agente" também o é.

Minha *agente* de viagens é muito competente.
Um *agente* da polícia estava investigando o caso.
O *agente* aduaneiro foi demitido.

Para finalizar, compare com "a gente":

A gente do lugar era simples e amável. (as pessoas, o pessoal, o povo)
Por que você não vem com *a gente*? (conosco)
Ele não viu *a gente.* (não nos viu)
A gente vai lá. (nós vamos)

Observações:

1ª) Não se recomenda, em contextos formais, empregar "a gente" em vez de "nós".
2ª) Diga/ escreva "nós vamos" ou "a gente vai", nunca o inverso ("nós vai", "a gente vamos").

Dia 5 - Data: ___/___/___

5. A JOÃO, DEI-LHE UM PRESENTE. (PLEONASMO VICIOSO?)

Para começo de conversa, essa não é uma construção muito comum (é uma versão mais "sofisticada" de "Dei um presente a João"). Trata-se de colocar o **objeto indireto** ("a João") em posição inicial (**topicalização**), repetindo-o através do **pronome oblíquo átono** "lhe(s)", equivalendo a "a ele(s)", "a ela(s)"; é uma construção formal, elevada, até mesmo literária. Como "lhe" remete a "Joao", poderia parecer, à primeira vista, que se trata de um **pleonasmo vicioso**; na verdade, trata-se de um **pleonasmo** enfático (**objeto pleonástico**).

Possíveis construções:

* Com **objeto indireto**:

A João, dei-lhe um presente.

A João, dei a ele um presente.

A João dei um presente. (apenas topicalizando o **objeto**, sem repeti-lo)

* Com **objeto direto**:

Os alunos, ouvi-*os* com atenção. (mas não: "Os alunos, ouvi eles com atenção")

Os alunos ouvi com atenção. (ordem pouco usual)

Observação: Nunca se usa vírgula entre o **verbo** e **objeto**, quando estes vêm juntos; no caso do **objeto pleonástico**, a vírgula é, em geral, frequentemente usada, pois o termo é deslocado de sua posição habitual.

Apenas a título de curiosidade, na língua espanhola o **objeto pleonástico** é recurso comum, corrente, inclusive em situações informais. No português brasileiro, seu uso se tornou restrito, virtualmente inexistente na atualidade.

Dia 6 - Data: ___/___/___

6. A MAIOR PARTE DOS ALUNOS PARTICIPOU. (OU: "PARTICIPARAM"?)

Com **expressões partitivas**, faz-se a concordância com o **núcleo** da expressão (no singular) ou com o termo mais próximo (no plural):

A maior parte dos alunos *participou.*

(pois equivale a "Dos alunos, a maior parte *participou*")

A maior parte dos alunos *participaram.*

(concordância "atrativa", isto é, com a palavra mais próxima, "alunos")

Outras expressões semelhantes incluem:

A maioria dos trabalhadores *aderiu*/ *aderiram* à greve.
(Cf.: "Dos trabalhadores, a maioria *aderiu...*")

Uma parte dos sindicalistas não *concordou*/ *concordaram* com a proposta.
(Cf. "Dos sindicalistas, uma parte não *concordou...*") (isto é, uma parte deles)
A maioria dos presentes *votou*/ *votaram* contra. (Cf.: "Dos presentes, a maioria *votou...*")

Dia 7 - Data: ___/___/___

7. A MARIA OU À MARIA? (COM OU SEM CRASE?)

Diante de **nomes próprios de pessoa**, o **acento de crase** é opcional:

Entregue este bilhete *a*/ *à* Maria.

Isso ocorre porque, diante de **nomes próprios**, é opcional a ocorrência do **artigo definido** feminino (uma das duas condições para a ocorrência da **crase**). Regionalmente, a presença ou ausência do **artigo** indica maior ou menor grau de intimidade entre os interlocutores.

Entretanto, note-se que, por essa razão, o acento não é cabível quando não se supõe tratamento íntimo entre os interlocutores:

Os católicos fizeram uma homenagem *a* Maria.

O historiador referiu-se *a* Joana d'Arc. (Cegalla, 278: 2010)

Assim, diante de nomes próprios de entidades religiosas ou vultos históricos, não se utilizará o acento de crase.

Semana 2

Dia 1 - Data: ___/___/___

8. A MEU VER OU AO MEU VER?

A ocorrência de **artigo** (o(s), a(s), um(a), uns e umas) antes de **pronomes possessivos** (meu(s), minha(s), teu(s), tua(s), seu(s), suas, etc.) em português é, em geral, facultativa, daí serem possíveis ambas as construções:

A*(o)* meu ver, esta questão já está superada.

A*(o)* nosso ver, ainda há muito que discutir.

Diz(e) lá, qual a solução, a*(o)* teu ver?

Há, porém, uma nítida tendência para a omissão do **artigo** sempre que possível antes dos **possessivos**, daí serem mais comuns as construções "a meu/nosso... ver".

Dia 2 - Data: ___/___/___

9. A NÍVEL DE (ESSA LOCUÇÃO EXISTE MESMO?)

Existe, mas trata-se de uma expressão não muito bem incorporada ao português falado no Brasil. Deve-se utilizá-la apenas quando significa "à/ *na* altura de":

Os Países Baixos (ou "A Holanda") estão *a*o nível do mar. (isto é, à/ na mesma altura)

Ele aspirava (a) viver *a*o nível dos barões da provinciana sociedade. (isto é, no mesmo nível social)

Com outros sentidos, é plenamente dispensável:

Estávamos falando ~~a nível de~~ Brasil. ("... falando *sobre/ em relação ao/ em termos de* Brasil")

<u>Observação</u>: A expressão "em nível de" também está ao mesmo nível de "a nível de" no que concerne a modismos linguísticos. É plenamente possível evitá-las, recorrendo-se a expressões sinônimas: "no que se refere a", "em relação a", "no que diz respeito a", etc.

Dia 3 - Data: ___/___/___

10. A OU À (CRASE: REGRA GERAL)

Quando se trata de **crase regencial** (fusão da **preposição** "a", exigida pelo **termo regente** + **artigo definido** feminino "a(s)", admitido pelo **termo regido**), há uma única regra, que nunca falha: substitua o feminino pelo masculino; se ocorrer "ao", a crase é obrigatória no feminino, sempre; assim:

> Deu um presente *a* professora. → "professor": Deu um presente *ao* professor.
> *PORTANTO*: Deu um presente *à* professora. (craseado)
>
> Vou *a* festa. → "baile": Vou *ao* baile.
> *PORTANTO*: Vou *à* festa. (craseado)
>
> Ofereceu um presente *a* ela. → "ele": Ofereceu um presente *a* ele.
> *PORTANTO*: Ofereceu um presente *a* ela. (não craseado)

O teste da substituição do masculino pelo feminino, como já observamos, nem sempre funciona em caso de **locuções adverbiais** formadas por palavras femininas, pois, nelas, não ocorre de fato a **crase** (fusão de "a" + "a(s)"); o acento é meramente convencional. Veja:

> Pagou as compras *a* vista. → "prazo": Pagou as compras *a* prazo.
> *MAS*: Pagou as compras *à* vista.

Apesar de não ter ocorrido "ao" no masculino, a locução "à vista" (isto é, no ato da compra) é sempre craseada. O acento nas referidas **locuções** é explicado por outra(s) regra(s), que devem ser estudadas separadamente.

Dia 4 - Data: ___/___/___

11. A OU HÁ (INDICANDO TEMPO E DISTÂNCIA)

Usa-se "a" (mera **preposição**, portanto sem acento de crase) para se referir ao futuro:

A reunião será daqui *a* pouco/ duas horas.

Ou distância:

Na placa, lia-se: "Belo Horizonte *a* 5 km".

Usa-se "há" (forma do **verbo** "haver") para se referir ao passado:

A reunião acabou *há* pouco (tempo). (equivale a "faz": "A reunião acabou *faz* pouco.")

Isso aconteceu *há* muitos anos. ("... aconteceu *faz* muitos anos")

Observações:

1ª) O **verbo** "fazer", indicando tempo decorrido, só se emprega no singular ("... *faz* muitos anos") e não: "... ~~*fazem*~~ muitos anos".

2ª) No último exemplo, evite-se a **construção pleonástica** "Isso aconteceu *há* muitos anos *atrás*", pois "haver", empregado nesse sentido, já encerra ideia de passado ("atrás"). Existem duas construções possíveis: apenas com "faz" ("Isso aconteceu *faz* muitos anos") ou apenas com "atrás" ("Isso aconteceu muitos anos *atrás*").

Não obstante a redundância, ressaltamos que o emprego de "faz ... atrás" já está praticamente consagrado na língua portuguesa moderna, constituindo um **pleonasmo** enfático, aceitável. Use a seu critério e a depender do contexto.

Dia 5 - Data: ___/___/___

12. A PERSISTIREM OS SINTOMAS... (OU: "AO PERSISTIREM..."?)

Ambas as construções existem, mas significam coisas diferentes:

> *A* persistirem os sintomas, procure orientação médica. (isto é, "*Se* persistirem...", "*Caso* persistam...")

Já "*Ao* persistirem os sintomas..." sinalizaria uma mensagem indesejável, como se indicasse que o medicamento não vá combater os sintomas (equivalendo, aproximadamente, a "*Quando* persistirem os sintomas...").

A primeira mensagem deixa os sintomas como hipótese vaga, já a segunda como indicação quase segura. Naturalmente, a indústria farmacêutica deseja descartar a ideia de que os sintomas persistirão. A persistirem dúvidas (caso persistam!), volte a ler esta página da sua agenda ortográfica e gramatical.

Dia 6 - Data: ___/___/___

13. A PRESIDENTE OU A PRESIDENTA?

Os substantivos **comuns de dois gêneros** (*o*/ *a* pianist*a*, *o*/ *a* dentist*a*, *o*/ *a* estudant*e*) há muito tempo substituíram formas hoje consideradas arcaicas, tais como "hósped*a*" ou "oficial*a*", por exemplo. No entanto, sim, há a forma "president*a*", em desuso. Sua utilização, reivindicada há certo tempo por uma autoridade da história política nacional, tem viés ideológico, com o qual se pode livremente concordar ou não, afinal vivemos numa democracia; falando-se, porém, do ponto de vista estritamente gramatical, a forma "president*a*" está correta.

Curiosamente, a referida president*e*/ *a*, certa feita, referiu-se a sua colega, chefe de uma grande empresa brasileira (e não: "~~chef*a*~~"), como "*a* president*e* da Petrobras" (ou seja, utilizou o **gênero** de acordo com sua atual tendência na língua portuguesa), enquanto reivindicava para si ser chamada de "presidenta", para contribuir à causa feminista. Isto posto, use a seu critério, de acordo com o contexto. A posição da gramática, até hoje, é a de que a relação entre **gênero da palavra** e o sexo biológico do ser é meramente arbitrária.

Nesta mesma tônica, o feminino "bispa", atualmente tão em voga, não é, a rigor, gramaticalmente correto. O feminino erudito de "bispo" é "episcopisa", uma forma "estranha" à intuição do falante do português brasileiro moderno, que forjou "bispa", uma forma mais simples; mas isso não nos deveria servir de argumento para se incorrer no abuso de se dizer "membra": "A episcopisa é membr*o* honorári*a* (ou "honorári*o*") do conselho superior da Universidade Presbiteriana".

<u>Observação</u>: O feminino "estudanta" já existiu na língua portuguesa, sem que jamais se reivindicasse sua reincorporação à língua portuguesa, vernaculamente; assunto polêmico, como se vê!

Dia 7 - Data: ___/___/___

14. A PRINCÍPIO, EM PRINCÍPIO OU POR PRINCÍPIO?

→ *A PRINCÍPIO*: significa simplesmente "no início", "inicialmente":

A princípio, relutei, mas no final concordei com o plano.

→ *EM PRINCÍPIO*: equivale a "em tese", "teoricamente":

Tudo indica, *em* princípio, que ele cumprirá com sua palavra.

→ *POR PRINCÍPIO* (isto é, por questão de princípios): significa "por convicção"

Foi *por* princípio, e não por mero capricho, que discordei do plano.

Semana 3

Dia 1 - Data: ___/___/___

15. A PROFESSORA OS PUNIRAM. (OU: "PUNIU"?)

Na língua portuguesa, o **verbo** concorda, em **número** e **pessoa**, com o **sujeito** (ou, excepcionalmente, com o **predicativo**).

No exemplo dado, o **sujeito** — neste caso específico, aquele que pratica a ação verbal — é "a professora", logo o verbo deveria estar concordando na 3ª pessoa do singular (isto é, com o **núcleo** "professora"):

A professora os *puniu* por mau comportamento. (os = os alunos)

"Puniram" está concordando, erroneamente, com "os", que é **objeto direto** (que sofre, recebe a ação verbal) do **verbo transitivo direto** "punir"; na nossa língua, nunca se faz concordância com o **objeto**. Trata-se de uma simples confusão: emprega-se o **verbo** no plural porque o **objeto direto** também está no plural; erro bastante comum, merece atenção!

Dia 2 - Data: ___/___/___

16. ESTAVA FÁCIL PORÉM, NÃO FUI BEM. (O "LUGAR" DA VÍRGULA)

A **vírgula** ocorre antes das **conjunções coordenativas** (destacadas), e não depois:

A prova estava fácil, *porém* não fui bem.

A prova estava fácil, *mas* não fui bem.

Você se esforçou, *logo* se sairá bem na prova.

Você estudou bastante, *portanto* não se preocupe.

Quer faça chuva, *quer* faça sol, está sempre disposto.

Observações:

1ª) Em alguns casos é possível, em se desejando enfatizar uma pausa, empregar **ponto e vírgula** no final da **oração coordenada assindética** e **vírgula** após a **conjunção coordenativa** ("Você estudou**;** *portanto***,** não se preocupe").

2ª) A **conjunção coordenativa** "pois", com sentido **conclusivo**, vem depois do **verbo** e entre **vírgulas** (observe o **ponto e vírgula**): "Você estudou**;** não há**,** *pois***,** motivo para preocupações" ("pois", aqui, equivale a "portanto"). Se tiver sentido **explicativo**, vem antes do **verbo** e virgula-se de acordo com a regra geral: "Não há motivo para preocupações, *pois* você estudou" (equivalendo a "porque").

Dia 3 - Data: ___/___/___

17. A SUA AMIGA OU À SUA AMIGA ("A" CRASEADO?)

O **acento de crase** é opcional antes de **pronomes possessivos** (minha(s), tua(s), "sua(s)", etc.):

Deu um presente *à* / *a* sua amiga.

Porém, se o **possessivo** vier desacompanhado de um **substantivo**, o acento é obrigatório:

Refiro-me *à* / *a* minha namorada, e não *à* sua.

↳ **poss.** ↳ **subst.**

(opcional no primeiro caso, obrigatório no segundo)

Observação: Em caso de **locução adverbial**, não obstante a presença de **pronome possessivo**, o acento também é obrigatório: "Ele faz tudo à sua maneira" (**locução adverbial de modo**).

Dia 4 - Data: ___/___/___

18. À TERRA OU A TERRA? ("A" CRASEADO?)

Diante da palavra "terra", designando "chão firme" (isto é, em vez de "a bordo"), não ocorre **crase**:

> Os turistas deixavam o cruzeiro e iam *a* terra conhecer algumas cidades ao longo da excursão. (isto é, desembarcavam em chão firme)

Com outros sentidos, emprega-se o acento, normalmente:

> Nas férias, foi à terra em que nasceu.
> A espaçonave retornou à Terra em segurança. (Note-se a inicial maiúscula, designando o planeta.)

Dia 5 - Data: ___/___/___

19. À TOA OU À-TOA (COM HÍFEN MESMO?)

Anteriormente ao Acordo Ortográfico, havia distinção: "à toa" se referia a um **verbo** (sublinhado):

> Eles não se entendiam. <u>Brigavam</u> à toa. (**locução adverbial de causa**)
>
> E "à-toa" (com hífen), a um **substantivo** (sublinhado):
> Eles se desentendiam por uma <u>discussão</u> à-toa. (**locução adjetiva**)

Essa distinção não existe mais. Com o AO, emprega-se somente "à toa", em qualquer caso (não se esqueça, porém: o "à" sempre craseado!).

Há uma bela canção de Sá e Guarabyra, cujo título é "Uma coisa à-toa" (hoje em dia, grafa-se sem hífen). Antes do AO, grafava-se "à-toa", pois a **locução** se refere ao **substantivo** "coisa". Já na famosa canção "A Banda", de Chico Buarque, "à toa" já está de acordo com o AO, pois se refere ao **verbo** "estar": "Estava à toa na vida / e o meu amor me chamou...".

Dia 6 - Data: ___/___/___

20. À UMA EM PONTO (OU: "A UMA", SEM CRASE?)

Não ocorre crase diante de palavras de sentido indefinido. "Uma" pode ser **artigo indefinido**, mas convém não confundir: no caso, trata-se do numeral "um(a)", e o acento de crase é obrigatório na indicação de horas:

A reunião começará *à* uma (hora) em ponto.

A reunião terminará *às* 15h30min., pontualmente.

Observações:

1ª) Na indicação de tempo futuro, não ocorre o acento ("A reunião começará daqui *a* uma hora; é meio-dia agora, logo, a reunião começará *à* uma").

2ª) Dito de maneira bem simples, não ocorre **crase** antes de **numerais**, a não ser que estejam indicando horas.

Dia 7 - Data: ___/___/___

21. ABAIXO/ A BAIXO (JUNTO OU SEPARADO?)

A BAIXO → opõe-se a "de cima" (duas palavras):

A madame examinou o candidato a "chaffeur" de cima *a baixo*.

Observou-o de alto *a baixo*, com desdém, mas contratou-o.

BIZU → Grafa-se em duas palavras, assim como seu oposto "de cima".

ABAIXO → antônimo de "acima":

Com as fortes chuvas, as encostas vieram *abaixo*, deixando muitos desabrigados.

BIZU → Grafa-se em uma só palavra, assim como seu antônimo "acima".

Semana 4

Dia 1 - Data: ___/___/___

22. ABORÍGENE OU ABORÍGINE?

"Aborígine" (**sílaba** "-gi", não "-ge") é a grafia oficial no Brasil:

Os *aborígines* sofreram torturas nas mãos dos invasores.

Em Portugal, só é aceita a grafia com "e" (a-bo-rí-ge-ne).

Observação: No Brasil, há generalizada aceitação da primeira opção (com "e" na sílaba "ge"); não obstante, a justificativa etimológica mantém como preferencial a segunda.

BIZU → Com o mesmo "i" de "nat*i*vo", palavra com que guarda **relação semântica**.

Dia 2 - Data: ___/___/___

23. ABSOLVER OU ABSORVER?

ABSOLVER → inocentar:

Por falta de provas, decidiram *absolver* o réu.

ABSORVER → significa, literalmente, reter algo (como água, calor, umidade, etc.):

As paredes da velha casa começavam a *absorver* a constante umidade vinda do mar.

Figurativamente, pode ser usado no sentido de "estar imerso, envolvido" em algo:

De tal forma aquele problema o *absorvia*, que o afligia terrivelmente.

PALAVRAS COGNATAS → abso*l*ver → abso*l*vição; abso*r*ver → ab*s*or*ç*ão, ab*s*orto

Dia 3 - Data: ___/___/___

24. ABSTERMOS OU ABSTIVERMOS?

"Abster" é forma derivada (**flexão**) do **verbo** "ter" e, como ele, se conjuga; assim: eu tenho → eu abs*tenho*, eu tive → eu abs*tive*, eu tinha → eu abs*tinha*, (que) eu tenha → (que) abs*tenha*, (se) eu tivesse → (se) eu abs*tivesse*

Se conjugarmos atentamente o **verbo** "ter", constataremos que não existe a flexão "termos": "Se não *tivermos* o dinheiro, não quitaremos a dívida" (e não: "termos").

CONCLUSÃO → A única forma possível é "abstivermos":

Se não nos *abstivermos* de nossos vícios, cavaremos nossa própria ruína.

Observações:

1ª) O **gerúndio** e o **particípio** são, respectivamente, "abste*ndo*" e "abst*ido*".

2ª) Palavra cognata: "abstinência" (divisão silábica: abs-ti-nên-cia).

Dia 4 - Data: ___/___/___

25. ACENDER OU ASCENDER?

ACENDER → atear/ pôr fogo a:

Acendeu o fósforo e ateou fogo à velha palhoça.

Com muita dificuldade, conseguiu *acender* uma fogueira.

ASCENDER → significa, basicamente, "subir":

Para os católicos, Maria *ascendeu* aos céus de corpo e alma. (crença conhecida como "ascensão" — ou, mais comumente, "assunção" — de Maria)

BIZU → O a*s*censorista trabalha no elevador, fazendo-o subir (a*s*cender) (e descer, naturalmente!).

Figurativamente, pode se referir a progresso em geral:

Seu desejo de *ascensão* social levou-o à loucura.

PALAVRAS COGNATAS → a*c*ender → a*c*e*s*o; a*s*cender → a*s*cen*s*ão, a*ss*unção (atente-se nas grafias destacadas!)

Dia 5 - Data: ___/___/___

26. ACENTO OU ASSENTO?

Apesar de serem palavras bastante frequentes, às vezes nos deparamos com equívocos de se usar uma pela outra.

ACENTO → sinal gráfico que se emprega numa palavra, tais como os **acentos agudo** e **circunflexo** ou o de **crase** (**acento grave**):

A professora apontou alguns *acentos* errados na minha redação.

ASSENTO → lugar onde se senta (este é o "bizu": manter os dois "ss" de "*s*entar-*s*e"):

Com licença, esse *assento* ao seu lado está livre?

Dia 6 - Data: ___/___/___

27. ACERCA (DE), A CERCA OU HÁ CERCA?

ACERCA (uma única palavra) → é sinônimo de "sobre":

O jornalista escreveu uma longa matéria *acerca* da tragédia.

A CERCA (duas palavras) → faz menção a tempo futuro aproximado:

O evento acontecerá daqui *a cerca de* um mês.

HÁ CERCA (também duas palavras) → faz menção a tempo passado aproximado:

Não sei dizer com precisão, mas isso aconteceu *há cerca* de um ano.

Observações:

1ª) No último caso, "há" pode ser substituído por "faz": "... aconteceu *faz* cerca...".

2ª) É importante frisar que "faz" fica sempre no singular quando indica tempo passado: "... aconteceu *faz* cerca de dois anos" (e não: "... ~~*fazem*~~ cerca...").

Dia 7 - Data: ___/___/___

28. ACREANO OU ACRIANO?

A rigor, a forma correta é "acriano" (com "i"), mas este é um dos casos em que a tradição rompe com as convenções. Como "Acre" termina em "e", é compreensível que o povo desse Estado queira assim grafar e, oficialmente, assim o faz o governo acreano.

O **sufixo** "-iano" (com "i"), porém, é muito mais comum que "-eano", com "e":

Açores → açor*i*ano

Bahia → ba*i*ano (observe: sem "h")

Machado (de Assis) → machad*i*ano (a obra machadiana)

Camões (o grande poeta) → camon*i*ano (a lírica camoniana)

MAS → cor*e*ano, montevid*e*ano, taubat*e*ano

Observação: Os **adjetivos pátrios** são sempre grafados com letra minúscula, a não ser que estejam em início de frase: "brasileiro", "mineiro", "curitibano", "mato-grossense", etc.; são grafados com maiúsculas (erroneamente) por associação aos nomes próprios a que se referem. Veja também que essa convenção se aplica aos **adjetivos** formados a partir de nomes próprios de pessoas (dois últimos exemplos).

Semana 5

Dia 1 - Data: ___/___/___

29. ADVINHAR OU ADIVINHAR? (SÍLABA "-AD" OU "-ADI"?)

Algumas palavras recebem, na fala espontânea, "relaxada", uma vogal "extra" (erroneamente): "p*e*neu", "op*i*tar", "ad*e*vogado", "cap*i*tar", em vez de "pneu", "optar", "advogado" e "captar". Por falsa associação e hipercorreção, muitos excluem o "i" de "ad*i*vinhar", mas essa é a forma correta:

Ele tentava, inutilmente, *adivinhar* a senha do cofre. (a-d*i*-vi-nhar)

A palavra "advinha" existe, mas é **flexão** do **verbo** "ad*vir*" (isto é, pro*vir* de"):

Seu problema *advinha* do consumo excessivo de álcool. (isso é, provinha)

→ Atente-se à grafia dos cognatos: "ad*i*vinhação", "(o) ad*i*vinho" (mantém-se o "i").

BIZU → O "i" da sílaba "-di" é mantido do **adjetivo** latino "d*i*vinus".

Dia 2 - Data: ___/___/___

30. AFIM OU A FIM (JUNTO OU SEPARADO?)

AFIM → (uma só palavra) guarda relação de sentido com "afinidade":

Biologia é campo do saber *afim* da Química.

Nesse sentido, possui plural:

Biologia e Química são áreas *afins*.

Pode, ainda, referir-se a parentesco não consanguíneo:

Ele foi adotado. É um parente *afim*.

A FIM → (duas palavras) guarda relação de sentido com "finalidade":

Estudou muito *a fim* de obter uma bolsa na universidade.

Estude muito *a fim* de que você consiga a bolsa de estudos.

Usa-se ainda, informalmente, no sentido de "ter disposição", "estar disposto a":

Desculpe, mas não estou *a fim* de falar sobre esse assunto.

Sinto muito, não irei. Não estou *a fim*.

Dia 3 - Data: ___/___/___

31. AGRADECEMO-LHE OU AGRADECEMOS-LHE?

Observe:

Nós <u>nos</u> amamos muito. (**próclise**) (o **pronome oblíquo átono** "nos" vem antes do **verbo**)

Usando-se a ênclise, cortamos o "s" final do **verbo** na 1ª pessoa do plural ("nós"):

Amamo-nos muito. (e não: ~~amamos-nos~~)

Assim também diremos/ escreveremos: "amamo-nos", "divertimo-nos", "queremo-nos", "vemo-nos", etc.

MAS → essa regra nunca se aplica ao **pronome** "lhe(s)":

Nós <u>lhe</u> agradecemo*s* pela gentileza.
↳**próclise**

Agradecemo*s*-<u>lhe</u> pela gentileza. (o "s" permanece)
↳ **ênclise**

Outras combinações (com perda do "s"):

encontramos + "a(s)", "o(s)" → encontram*o*-la(s), encontram*o*-lo(s)

fizemos → fizem*o*-lo(s), "fizem*o*-la(s)

Nós encontramos as crianças brincando.

As crianças, encontram*o*-las brincando. (**ênclise**)

Fizemos as tarefas às pressas.

As tarefas, fizem*o*-las às pressas. (**ênclise**)

Dia 4 - Data: ___/___/___

32. AJA OU HAJA?

AJA → é **flexão** do **verbo** "agir":

Meu amigo, ouça o que lhe digo: *aja* com prudência.

É preciso que você *aja* com discrição neste caso.

HAJA → com "h", é *flexão* de "haver":

Espero que ainda *haja* vagas neste emprego. (e não: "... ainda ~~hajam~~...")

Observação: Note-se, no último exemplo, que "haja" permanece no singular, pois, no sentido de "existir" e "ter", "haver" é **verbo impessoal**, concordando sempre na 3ª pessoa do singular: entretanto, note-se, ainda, que "ter" e "existir" concordam com "vagas": ("... que ainda tenha*m* / exista*m* vagas..."); note-se também, por fim, que usar "ter" em vez de "haver" pertence à língua coloquial, espontânea (na norma culta, evite-se).

Dia 5 - Data: ___/___/___

33. ALGUNS DE NÓS FORAM PUNIDOS. (OU: "FOMOS"?)

Em construções semelhantes, a lógica é a seguinte:

De nós, alguns *foram* punidos. (concordância com "alguns")

PORTANTO → a construção está correta:

Alguns de nós *foram* punidos.

Entretanto, pode-se, devido à proximidade do **verbo** com o **pronome** "nós", fazer a **concordância atrativa** (isto é, com a palavra mais próxima):

Alguns de nós *fomos* punidos.

Atente-se, porém, a que a concordância atrativa não é possível com "algum" no singular:

Algum de nós *será* punido. (e não "seremos", pois equivale a "De nós, algum *será* punido.")

Outras construções semelhantes:

Quais de nós *participarão/ participaremos* da competição?

Quais de vós *participarão/ participareis...*?

Qual/ Quem de vós *participará...*?

Qual/ Quem de vocês *participará...*?

Dia 6 - Data: ___/___/___

34. ALISAR OU ALIZAR (DIFERENÇA?)

ALISAR → provém de "liso", de onde conserva o "s":

Ao *alisar* o cabelo, é preciso cuidado com produtos tóxicos.

ALIZAR → substantivo (pouco usual) cujo plural é "alizares" (significado: "ombreira", "padieira"):

Os *alizares,* que pusemos nas portas para protegê-las, estão danificados.

BIZU → Se a palavra primitiva contém "s", ele se mantém na terminação "-i*s*ar":

análi*s*e → anali*s*ar

avi*s*o → avi*s*ar

improvi*s*o → improvi*s*ar

parali*s*ia → parali*s*ar, parali*s*ação

pesqui*s*a → pesqui*s*ar... *etc.*

Atente para: "bati*s*mo" → "bati*z*ar" e "cateque*s*e" → "catequi*z*ar".

Dia 7 - Data: ___/___/___

35. AMAMO-NOS OU AMAMOS-NOS?

Como vimos acima, na primeira pessoa do plural (isto é, "nós"), eliminamos o "s" quando o **verbo** se combina com um **pronome oblíquo átono**, em ênclise; assim:

amo-me, amas-te, ama-se, *amamo-nos* (e não: "~~*amamos-nos*~~"), amais-vos, amam-se

Observações:

1ª) Por falsa associação, costuma-se aplicar essa regra a verbos seguidos de "lhe(s)", mas não se deve fazê-lo: "Oferecemo*s*-lhe os melhores presentes" (o "s" deve ser mantido).

2ª) Embora raro, equívoco igual se costuma cometer com "vós", que mantém o "s": "Amamo-nos muito; amai*s*-vos uns aos outros também?" Só retiramos o "s" de "vós" para formar o **imperativo afirmativo**: "Amai-vos uns aos outros".

Semana 6

Dia 1 - Data: ___/___/___

36. AMANHÃ TE ENTREGAREI... (OU: "ENTREGAR-TE-EI"?)

A **mesóclise** só ocorre no **futuro do presente** ("entregarei" + "te") e no **futuro do pretérito** ("entregaria" + "te") (ambos do **indicativo**), ou seja: "entregar-te-ei" e "entregar-te-ia".

Havendo, porém, razão para o emprego da **próclise**, esta prevalece, mesmo nos tempos verbais citados acima.

Amanhã *te* entregarei o relatório.
↳**próclise** (devido ao **advérbio** "amanhã")

Eu jamais *te* entregaria o relatório.
↳**próclise** (devido ao **advérbio** "jamais")

Cf.:

Entregar-*te*-ei o relatório quando eu terminar.
Entregar-*te*-ia o relatório se o tivesse terminado.

Observações:

1ª) **Pronome pessoal reto** pode ser fator de **próclise**, no português brasileiro: "Eu *te* entregarei o relatório..."; "Eu *te* entregaria..." (lembram da música? "Eu te darei o céu, meu bem..."). A **mesóclise** seria possível (mas não sei se melódica): "Dar-te-ei o céu, meu bem...".

2ª) No português brasileiro, a **mesóclise** encontra-se praticamente extinta, enquanto que, em Portugal, é corriqueira; mesmo no Brasil, porém, pode-se (e deve-se!) utilizá-la, a depender da situação comunicativa. A título de curiosidade, certo jornal brasileiro a proíbe taxativamente, numa atitude tão prescritiva e "autoritária" quanto a dos assim chamados "gramáticos tradicionais", criticados tão veementemente por certos jornalistas e afins.

Dia 2 - Data: ___/___/___

37. AMBOS OS DOIS (PODE?)

Não mais. Mas... podia! Inserimos este verbete a título de curiosidade: no passado, tratava-se de uma expressão fixa, isto é, dizia-se, corretamente, "ambos os dois". Com o passar do tempo, passou a ser "sentida" como redundante, pleonástica. Modernamente, não se admite a expressão com o numeral:

> (DIÁLOGO)
> A: *Ambos os alunos* foram aprovados.
> B: Os dois?
> A: Sim, foi o que eu disse: *ambos*!

Este caso serve para nos lembrar que nem toda expressão redundante precisa ser vista como viciosa. Há quem veja redundância em tudo. Para ficar apenas num exemplo, "implicam" com a expressão "pequeno detalhe", já que "detalhe" seria, necessariamente, pequeno; no entanto, essa expressão segue firme no português moderno, como na canção: "Detalhes tão pequenos de nós dois..."; a título de curiosidade, há correspondência literal no inglês: "small details".

Outra expressão aparentemente redundante é "fatos reais", no entanto ela anda na boca de todos. Talvez isso se explique porque, como disse alguém um dia, "há os fatos e a versão dos fatos" (a versão dos fatos, portanto, não corresponde exatamente à realidade, daí a necessidade de se enfatizar a palavra "real").

Algumas expressões obviamente redundantes (viciosas) consagradas pelo uso descuidado: descer para baixo; elo de ligação; encarar/ enfrentar de frente; entrar pra dentro; sair para fora (ou "pra fora"); subir para cima... etc.

Expressões aparentemente redundantes (pela ocorrência simultânea do **prefixo** "com" + **preposição** "com", mas não o são: *com*partilhar / *com*partir com; *con*correr com; *co*incidir com; *con*viver com... etc.

Dia 3 - Data: ___/___/___

38. ANO NOVO OU ANO-NOVO (HIFENIZA-SE?)

Para referirmo-nos às festividades do ano entrante, empregamos o hífen:

> "Feliz *Ano-Novo*!", dizia o cartão que recebi.
> As festas de *Ano-Novo* serão inesquecíveis. (as festas "da virada")

Em outras situações, trata-se de duas palavras:

> Todos temos muitas expectativas para o *ano novo*. (isto é, para todo o ano)
> Não sou do tipo que faz planos de *ano novo*. (idem)

Observação: O mesmo princípio se aplica a "boas-festas": "Recebi um cartão desejando-me boas-festas pelo Natal e Ano-Novo". Cf.: "Que boas festas tivemos nos festejos juninos!"

Dia 4 - Data: ___/___/___

39. ANTÁRTICA OU ANTÁRTIDA?

Para nos referirmos ao imenso continente gelado do Polo Sul, use preferencialmente "Antártida" (com "d"):

A arriscada expedição à *Antártida* foi um sucesso sem precedentes.

Porém, o **adjetivo** para se referir ao polo em si se escreve com "c" (o que, obviamente, explica a confusão): "polo *antártico*", "região *antártica*" (ou seja, **antônimo** de "ártico").

<u>Observações:</u>

1ª) Oceano Ártico (com inicial maiúscula).

2ª) A forma preferencial, em português lusitano, é com "c".

3ª) Apesar da explicação acima, também se admite o substantivo "Antártica" para nos referirmos ao continente, forma fixada provavelmente pela tradição; use, pois, a seu critério.

Dia 5 - Data: ___/___/___

40. ANTEDILUVIANO OU ANTIDILUVIANO?

A forma correta é "ant*e*diluviano" (isto é, de antes do dilúvio):

O período *antediluviano* se refere ao tempo anterior ao dilúvio bíblico.

O **prefixo** "anti" (com "i") indica ação contrária, como em "ant*i*-inflamatório", "soro ant*i*ofídico", "bombas ant*i*aéreas", etc.

A confusão, provavelmente, explica-se devido à pronúncia na fala descuidada. Pode-se, ainda, usar em sentido figurado, com sentido de "muito antigo":

Suas ideias sobre o mundo, sobre a vida eram *antediluvianas*.

BIZU → Em caso de dúvida... "ant*e*diluviano", com "*e*" de "ant*e*s" ou de "ant*e*rior".

Dia 6 - Data: ___/___/___

41. AO INVÉS (DE) OU EM VEZ DE?

AO INVÉS (DE) → em tese, só devemos usar "ao invés (de)" com sentido de "ação contrária":

BIZU → Associe a "ao inverso".

Quando lhe dei a má notícia, *ao invés de* chorar, começou a rir, nervosamente.

Eu disse ao motorista que virasse à direita; *ao invés*, ele virou à esquerda.

EM VEZ DE → já esta expressão indica substituição:

Em vez de viajar à praia, decidiu ir às montanhas.

Em vez de usar óleo, preferiu usar azeite.

Observações:

1ª) Na prática, essa distinção está sendo obliterada no português moderno, usando-se uma expressão em vez da outra, indistintamente (exceto no segundo exemplo).

2ª) Autores há que defendem que "em vez de" substitui "ao invés de" em todos os contextos (no segundo exemplo, a redação, portanto, deveria ser: "... disse ao motorista que virasse à direita; *em vez* disso, ele virou...").

3ª) Parece-nos que "ao invés (de)" tem maior preferência, em geral; portanto, use a seu critério e a depender do contexto.

Dia 7 - Data: ___/___/___

42. APÓSTROFE OU APÓSTROFO?

Ambas as palavras existem, porém com sentidos diferentes:

APÓSTROFE → **figura de pensamento** que consiste na interpelação expressiva do ouvinte:

> Castro Alves imortalizou a *apóstrofe*:
> "Deus! Ó Deus! Onde estás que não respondes?"
> ↳**apóstrofe**

APÓSTROFO → sinal gráfico que se utiliza para supressão de vogais, por exemplo, por questão de **eufonia** (em vez de "caixa de/ da água", diz-se "caixa-d'água"). Outros exemplos: copo-d'água, estrela-d'alva (estrela matutina), galinha-d'angola (ou "galinha-da-índia"), pau-d'arco (ipê), pau-d'óleo (copaíba), etc.

Observações:

1ª) Não ocorre apóstrofo na forma reduzida de "para" ("pra", e não: ~~p'ra~~).

2ª) Também não ocorre no plural de siglas: DVDs, PMs, MPs, CPIs, etc. (e não: ~~DVD's, PM's~~...).

Semana 7

Dia 1 - Data: ___/___/___

43. ... É A MOÇA QUE OS PAIS DELA FORAM PRESOS. (ESTÁ CORRETO?)

Nove entre dez brasileiros não sabem usar a palavra "cujo". Observe:
Aquela é a moça. *Seus* pais foram presos. (seus = dela)

A palavra destacada indica posse (**pronome possessivo**). É possível, por meio do **pronome relativo** "cujo" (e variações) reunir as duas frases de forma mais "elegante", já que "cujo" indica posse, sintetizando a ideia "que... dele / seu"; assim, em vez de:

Aquela é a moça ~~*que*~~ os pais ~~*dela*~~ foram presos. (emprego coloquial)

Corrija-se, na norma culta, para:
Aquela é a moça *cujos* pais foram presos.

<u>Observações:</u>

1ª) Depois de "cujo" (e variações) não ocorre artigo: "... moça cujos ~~*os*~~ pais..."; "O autor a cujas ~~*as*~~ obras...".
2ª) É óbvio, mas é bom lembrar: quando se usa "cujo", não se usa "dele", "seu", etc.: "Aquela é a moça cujos pais ~~*dela*~~ / cujos ~~*seus*~~ pais...".

Dia 2 - Data: ___/___/___

44. ARITIMÉTICA OU ARITMÉTICA?

O "i" na sílaba "ti" é um intruso, empregado devido a um vício de pronúncia:

A *aritmética* é o ramo da Matemática que trata das operações numéricas. (a-rit-mé-ti-ca)

Às vezes, por hipercorreção, trata-se um "i" legítimo como se fosse intruso. Nas palavras seguintes, o "i" deve ser empregado:

adivinhar (a-di-vi-nhar)

piscicultura (pis-ci-cul-tu-ra) (tem relação com "piscina")

piscívoro (pis-cí-vo-ro) (que se alimenta de peixes)

Dia 3 - Data: ___/___/___

45. ARREPIAR OU ARRIPIAR?

Devido à pronúncia descuidada, muitas vezes não se distingue, na fala, o "e" do "i", gerando dúvidas na escrita. Na norma culta, deve-se escrever (e dizer) "arrepiar":

Os uivos dos lobos nas pradarias extensas faziam-no *arrepiar* de medo.

Atente também para a grafia das palavras seguintes:

cand*e*eiro ("e" de "cand*e*ia") (e não: ~~cand*i*eiro~~); crân*i*o (e não: ~~crân*e*o~~); cum*e*eira (de "cume" + "eira", e não: ~~cum*i*eira~~); d*e*stilar (e também: d*e*stilação); d*is*enteria (e não o contrário: ~~d*es*int*e*ria~~); *e*mpecilho (e não: ~~*i*mpecilho~~); hilaridade (hi-la-ri-da-de) (sem "e" na sílaba "ri": ~~hilar*i*edade~~); mer*i*tíssimo ("i", na sílaba "ri", de "mérito", e não: ~~mer*e*tíssimo~~); p*e*nico (tipo de recipiente em desuso, e não: ~~p*i*nico~~); p*i*nicar, e não: ~~p*e*nicar~~); pr*i*vilégio (e não: ~~pr*e*vilégio~~); sequer ("nem sequer", isto é, "nem ao menos", e não: ~~s*i*quer~~).

Dia 4 - Data: ___/___/___

46. ARREVESADO OU ARREVEZADO?

Com "s", pois não tem relação com "vez", mas sim com "revé*s*", "ave*ss*o".

Esqueci a blusa *arrevesada* dentro da cômoda. (isto é, "ao avesso")

Figurativamente, podemos falar, por exemplo, que uma pessoa de "caráter arrevesado" é uma pessoa de caráter duvidoso. Podemos falar, ainda, em um "argumento arrevesado", isto é, "ao revés" (que é indireto, tortuoso, de difícil compreensão):

Os argumentos *arrevesados* do presidente foram desmentidos pela imprensa.

Agora atente para as seguintes correlações com a palavra "vez", onde se justifica a letra "z": "re*vez*ar" e "re*vez*amento" (isto é, trocar de vez, de turno).

Dia 5 - Data: ___/___/___

47. AS CRIANÇAS ESTAVAM INTERTIDAS. ("INTERTIDAS"?)

Na linguagem popular, informal, usa-se a palavra "intertido" (ou mesmo "intirtido"), querendo-se dizer "distraído", "envolvido", mas a verdade é que essas palavras não existem. A verdadeira palavra é "entretido", que se deriva do verbo "ter" e como ele se conjuga:

eu tenho → entre*tenho*

eles tiveram → entre*tiveram*

(que) nós tenhamos → entre*tenhamos*

(se) eles tivessem → entre*tivessem*

Como o **particípio** de "ter" é "tido", a formação correta é "entretido":

Entretido com a televisão, o bebê parou de chorar.

As crianças brincavam completamente *entretidas*.

Entretidos com o filme, não ouviram bater à porta.

Com que essas crianças se *entretêm* durante o recreio?

PALAVRA COGNATA → entretenimento

Dia 6 - Data: ___/___/___

48. ÀS QUINZE PARA O MEIO-DIA (OU: "AOS QUINZE..."?)

Diz-se "às onze horas e quarenta e cinco minutos", mas não "às quinze para o meio-dia", porque não se pode subentender, no segundo caso, após "quinze", a palavra "horas", mas sim "minutos":

O telejornal começa *aos* quinze para o meio-dia. ("... aos quinze minutos para...")

Como esta não é uma forma muito usual de se indicarem as horas, incorre-se no erro de se subentender "horas", em vez de "minutos", devido ao hábito generalizado. No exemplo acima, evita-se facilmente qualquer ruído com uma das seguintes construções:

* explicitando a palavra "minutos":

O telejornal começa *aos* quinze minutos para...

* omitindo-se "às":

O telejornal começa *quinze* para o meio-dia.

Dia 7 - Data: ___/___/___

49. ASADO OU AZADO?

"Asado" tem relação com "asas": um vaso "asado" é um vaso com asas; essa palavra, porém, é pouco usual.

Já "azo", que significa "ensejo", "ocasião", "momento oportuno", explica "azado", ou seja, "propício":

Em momento ***azado***, tentaremos retomar as negociações.

Observação: Seu antônimo é "desazado": "Devido à crise econômica, o momento é desazado para retomarmos as negociações".

Semana 8

Dia 1 - Data: ___/___/___

50. ASCÉTICO OU ASSÉPTICO?

ASCÉTICO → vem de "ascese", isto é, estado de vida em que se busca o aperfeiçoamento moral e espiritual, e não os prazeres efêmeros e materialistas:

> Entrou para uma ordem de monges, onde levou uma vida *ascética* até sua morte.

ASSÉPTICO → tem relação com "assepsia", isto é, procedimentos higiênicos que visam a evitar a contaminação de um organismo ou um ambiente, por exemplo:

> Com métodos *assépticos* precisos, a enfermeira aplicou um curativo ao ferimento.
>
> No ambiente *asséptico* do laboratório, conduziam-se importantes pesquisas científicas.

PALAVRAS COGNATAS → ascético → a*sc*ese, a*sc*etismo; a*ss*éptico → anti*ss*éptico

Observação: Bem pensando, a "ascese" (ou o "ascetismo") não deixa de ser uma forma de "assepsia", de "higiene" moral, pois trata-se da busca de uma conduta de vida virtuosa, "limpa".

Dia 2 - Data: ___/___/___

51. ASSISTIU O FILME OU ASSISTIU AO FILME?

Embora, na fala espontânea, fale-se todo o tempo "assistiu o filme" (talvez por correlação com "ver o filme"), na norma culta escrita esse verbo é **transitivo indi-**

reto e exige a **preposição** "a":

Não assisto *a* filmes nem *a* novelas.

Você assistiu *a*o filme que lhe indiquei?

Verbos transitivos indiretos, em princípio, não se constroem na **voz passiva**; assim, está errada, do ponto de vista estritamente gramatical, a construção seguinte:

O filme foi assistido por milhões de espectadores mundo afora.

Só se admite a **voz ativa**:

Milhões de espectadores assistiram *a*o filme mundo afora.

Observação: No sentido de "dar assistência", pode ser usado, indiferentemente, como **verbo transitivo direto** ou **indireto** ("assistir o/ ao"), logo é correta a conversão da **voz ativa** para a **passiva**: "A enfermeira assistia *o*/ *a*o paciente." → "O paciente foi assistido pela enfermeira".

Dia 3 - Data: ___/___/___

52. ASSOAR OU ASSUAR?

ASSOAR → emprega-se, mais comumente, na acepção de "limpar o nariz", expelindo o ar com força para que saia a secreção, fazendo soar um ruído característico:

Assoou o nariz com tanta força que acabou sangrando.

Quando *assoo* o nariz, tenho cuidado para não me ferir.

Neste sentido, pode ser empregado como **verbo pronominal** (isto é, "eu *me*", "tu *te*", "você *se*", "ele *se*", "nós *nos*"... etc.):

Ele *se assoou* cuidadosamente para que o nariz não sangrasse.

ASSUAR → **verbo** pouco usual, significa "apupar", "vaiar":

Decepcionada, a plateia *assuou* ruidosamente os atores do teatro mambembe.

BIZU → "Ass*o*ar" tem relação com "s*o*ar" (isto é, produzir s*o*m); já "ass*u*ar" leva "u" de "ap*u*par".

Dia 4 - Data: ___/___/___

53. ASTERISCO OU ASTERÍSTICO?

Esta palavra, que significa "astrinho" (diminutivo de "astro") ou "estrelinha", não tem a terminação "ístico"; provém do grego ou latim, praticamente igual às formas que tinha nessas línguas: "asterískos" (grego), "asteriscus" (latim):

Um *asterisco* ao lado de uma palavra geralmente remete a uma nota de rodapé.

O professor marcou a relação de alunos com um *asterisco* ao lado do nome dos ausentes.

Recebe, na verdade, o **sufixo diminutivo** "-isco", o mesmo presente em "chuvisco" (chuva de pequena intensidade) ou "marisco" (pequeno animal marinho), por exemplo.

Dia 5 - Data: ___/___/___

54. ASTIGMATISMO OU ESTIGMATISMO?

O problema de visão, que se corrige com o uso de óculos, chama-se "astigmatismo":

O *astigmatismo* resulta de um defeito na córnea.

Uso óculos porque sofro de *astigmatismo* e miopia.

A palavra "estigmatismo" é um termo técnico, especializado (da Física), e não se refere a um problema de saúde; na verdade, ela é antônima de "astigmatismo".

CURIOSIDADE → "Estigmatismo" não guarda relação de sentido com uma palavra amplamente utilizada, "estigma", que se refere a uma cicatriz (por exemplo, "os estigmas de Cristo").

Dia 6 - Data: ___/___/___

55. ATENTAR(-SE)... (A / EM / PARA?)

Este **verbo** significa "prestar atenção" e pode ser usado com ou sem **pronome reflexivo** ("eu *me*", "tu *te*", "você/ ele *se*", "nós *nos*"... etc.).

Admite as três construções seguintes:

> Atente(-se) *para* os exemplos a seguir.
> Atentem(-se) *a*os exemplos que darei.
> Eles não (se) atentarem *n*estes detalhes. (atentar(-se) em)

Dia 7 - Data: ___/___/___

56. ATERRISAR, ATERRISSAR OU ATERRIZAR?

A forma correta é "aterrissar". Existe a variante, pouco usual no Brasil, mas frequente em Portugal, "aterrar":

> O avião vindo de Lisboa *aterrissou* (ou: *aterrou*) pontualmente no Galeão.

A palavra "aterrar", no português brasileiro, é, atualmente, mais usada no sentido de causar terror:

A ideia de envelhecer sozinho e doente *aterrava*-o profundamente.

Observação: Quanto à palavra "ame*riss*ar" (um só "r"), refere-se ao pouso no mar (e, por extensão, na água em geral; é termo da aeronáutica, cujo sinônimo é "amarar": "O hidroavião *amerissou* em segurança".

PALAVRAS COGNATAS → aterragem, aterrissagem, amerissagem

Semana 9

Dia 1 - Data: ___/___/___

57. ATRÁS OU ATRAZ?

ATRÁS → grafa-se sempre com "s".

BIZU → Associe às palavras e expressões "por trá*s*", "detrá*s*", "tra*s*eiro", "atra*s*ado"; não tem relação alguma com "tra*z*er", daí não se justifica a grafia com "z".

A chave estava escondida *atrás* do quadro.

A confusão se deve, provavelmente, a desatenção e ao fato de que o "s" e "z" finais nem sempre são emitidos com a devida clareza na pronúncia espontânea.

Dia 2 - Data: ___/___/___

58. AVISÁ-LO(S) OU AVISAR-LHE(S)?

Na norma culta, "avisar" é **verbo transitivo direto**, logo não admite a construção com "lhe(s)":

(DIÁLOGO)
A: Você já avisou os alunos?
B: Ainda não. Vou avisá-*los* agora.

O **pronome** "lhe(s)", equivalente a "a ele" (e variações) só deve ser empregado com **verbos transitivos indiretos**:

(DIÁLOGO)

A: Você já deu o recado *a*os alunos?

B: Ainda não. Vou dar-*lhes* agora. ("lhes" se refere aos alunos)

Dia 3 - Data: ___/___/___

59. BAIANO OU BAHIANO?

Não ocorre "h" no interior das palavras, a não ser na palavra "Bahia", por mera tradição, e no dígrafo "nh":

Sou natural da Bahia; sou *baiano.*

Observação: Em palavras compostas, "baía" ocorre com letra minúscula e sem "h": laranja-da-baía, baía de Todos-os-Santos, baía de Guanabara, etc. (note-se o acento, para se diferenciar de "baia" (b*ai*-a), isto é, "boxe", "cocheira").

Dia 4 - Data: ___/___/___

60. BASTAM DE RECLAMAÇÕES (OU: "BASTA"?)

O **verbo** "bastar", na expressão "basta de", é **impessoal**, portanto fica sempre na 3ª pessoa do singular:

Basta de reclamações. É preciso falar menos e agir mais. (e não: "~~bastam~~")

Noutras acepções, é **verbo pessoal** e concorda normalmente com o **sujeito**:

Basta um fio de azeite apenas!

Nesta receita, três ovos apenas *bastam.*

Dia 5 - Data: ___/___/___

61. BASTANTE OU BASTANTES?

BASTANTE → é **advérbio** (portanto invariável) e se refere a um **verbo**:

O cachorro comeu *bastante.* (singular)

Eles dormiam *bastante.* (plural)

BASTANTES → é **adjetivo** ou **pronome indefinido** e, portanto, variável, concordando com o **substantivo** a que se refere:

Havia *bastantes* pessoas na manifestação.

(**pron. indef.**; equivalente a "muitas")

Havia evidências *bastantes* de que ele era culpado.

(**adjetivo**; isto é, "suficientes")

Observação: É pouco usual no plural, daí causar certa confusão; requer atenção!

Dia 6 - Data: ___/___/___

62. BATER A PORTA OU BATER À PORTA?

Quando alguém "bate à porta", está tentando ser atendido:

Só um instante, estão batendo *à* porta. Vou atender e já volto. (informalmente, "bater *na* porta")

Já "bater *a* porta" é jogá-la com estrondo:

Irritado, o rapaz saiu apressado, batendo *a* porta agressivamente.

— Não bata *a* porta do meu carro! — berrou o motorista.

Dia 7 - Data: ___/___/___

63. BEM-VINDO OU BENVINDO?

A palavra "bem" (geralmente **advérbio**) pode funcionar como **prefixo**, caso em que recebe hífen:

bem-apessoado (bem-parecido, elegante)
bem-criado (bem-educado, polido)
bem-falante (que fala fluente e corretamente)
bem-feito (feito com apuro)
bem-nascido (nascido afortunadamente) ... *etc.*

— Seja muito *bem-vindo* à minha casa —, disseram os anfitriões.

Já a palavra "benvindo" forma-se da mesma maneira que "benquisto" (isto é, "querido", "estimado"):

(DIÁLOGO)
A: Chamo-me *Benvindo*, e espero ser *bem-vindo* nesta casa.
B: Claro, sabemos que o senhor é uma pessoa muito *benquista* de todos.

Semana 10

Dia 1 - Data: ___/___/___

64. BENEFICENTE OU BENEFICIENTE?

Como a terminação "ciente" é muito frequente na língua portuguesa, isso talvez explique o erro em "benefic*i*ente"; nesta palavra, não ocorre "i" na sílaba "cen" (be-ne-fi-*cen*-te):

Esta é uma associação *beneficente*, portanto não tem fins lucrativos.

Também sem "i" se grafa "beneficência" ("Hospital da Beneficência Portuguesa") (be-ne-fi-cên-cia).

BIZU → Seu antônimo é "maleficência", também sem "i" (ma-le-fi-cên-cia).

Outra possível explicação para o erro é a "contaminação" semântica com a palavra "benefício", de cuja última sílaba ("cio") se mantém, erroneamente, o "i" (Cegalla).

Dia 2 - Data: ___/___/___

65. BIFE À CAVALO... FILE À OSVALDO ARANHA (HÁ CRASE?)

Quem usa acento de **crase** nestas expressões, supõe que ocorra nelas, subentendida, a palavra "moda". Bem, na primeira não ocorre, porque cavalos não ditam moda (ao menos por enquanto!); já na segunda, ocorre.

O filé "à moda de" Osvaldo Aranha (diplomata brasileiro, 1894-1960) é uma invenção genuinamente brasileira, surgida na Lapa, Rio de Janeiro, naturalmente criada por esse senhor:

> Não vou pedir bife *a* cavalo, como de costume; desta vez, quero um filé *à* Osvaldo Aranha.

No clássico exemplo "sapatos à (moda de) Luís XV", não seria demais lembrar que o monarca lançou a moda dos referidos sapatos, não por acaso na França, onde fica Paris, capital da moda desde então.

Dia 3 - Data: ___/___/___

66. BLUSAS LARANJAS OU BLUSAS LARANJA?

Onde fica subentendida a expressão "cor de", o termo seguinte fica no singular, pois é **substantivo**:

> Comprou blusas (cor de) laranja. (e não: ~~laranjas~~)
> Tenho dois gatos (cor de) cinza. (e não: ~~cinzas~~)

<u>Observações:</u>

1ª) Observe os hifens em "cor-de-rosa": "Comprou duas blusas cor-de-rosa".

2ª) Nos **adjetivos compostos**, se o segundo elemento é **substantivo**, nenhum dos elementos do **adjetivo** varia: "camisas vermelho-sangue", "gravatas azul-ferrete", "carros verde-garrafa", "gravatas verde-oliva", etc.

Dia 4 - Data: ___/___/___

67. BOA-NOITE OU BOA NOITE? (HIFENIZA-SE?)

Como **substantivo**, referindo-nos ao cumprimento, à saudação, grafa-se com hífen:

— *Boa-noite!* — cumprimentaram-nos os anfitriões, entusiasmadamente.
Despediu de todos depois de dar-lhes *boas-noites*. (note-se o plural)

Em outras ocorrências, trata-se de duas palavras distintas:

Você precisa de uma *boa noite* de sono revigorante!

Observação: O mesmo se aplica a "bom-dia/ bom dia" e "boa-tarde/ boa tarde".

Dia 5 - Data: ___/___/___

68. BOEMIA OU BOÊMIA? (QUAL A SÍLABA TÔNICA?)

A rigor, só existiria a palavra "boêmia" (sílaba tônica "ê"); porém, no Brasil, ocorrem os seguintes usos:

BOEMIA → forma mais amplamente usada como **substantivo** (bo-e-mi-a):

Seu desejo era viver na *boemia*, sem cuidados nem preocupações. ("boêmia" também é possível, mas raro)

BOÊMIA → fixou-se como **adjetivo** (único uso possível) (bo-ê-mia):

Seu desejo era levar uma vida *boêmia*, regada a bebida nas noitadas.

Dia 6 - Data: ___/___/___

69. CABELEIREIRO OU CABELELEIRO?

Dúvida bastante comum, a forma correta parece não muito aceita pela ocorrência das sílabas "ei" – "ei", muito próximas uma da outra, mas é a única forma possível:

Todo fim de semana vou ao cabel*ei*r*ei*ro.

Se bem que a forma errada "peca" pelo mesmo problema (a ocorrência das sílabas "le" – "le"; "cabe*le*-*le*-iro"); em caso de dúvida, damos o...

BIZU → Deriva-se de "cabel*ei*ra" + sufixo "-*ei*ro", que indica profissão.

Observação: Pense sempre na palavra original, e evite erro comum como "praze*i*roso" (de onde viria o "i" da sílaba "ze*i*", se a palavra primitiva é "prazer", e não "praze*i*r"?) O erro talvez se dê por falsa associação com a terminação "eioso", por exemplo, em "feioso", mas nesta o "i" já está presente.

Dia 7 - Data: ___/___/___

70. CASSAR UM DIPLOMA (OU: "CAÇAR"?)

CASSAR → usa-se no sentido de tornar nulo, inválido:

Depois de anos atuando como médico, seu diploma foi *cassado*.

O prefeito foi *cassado* e afastado do cargo imediatamente.

CAÇAR → usa-se no sentido de capturar animais:

É horrível imaginar que muitos pensam que *caçar* animais é apenas um "hobby".

PALAVRAS COGNATAS → ca*ss*ação (anulação), ca*ç*ada ("esporte")

Atente também para as seguintes **parônimas** e **homônimas**:
apre*ç*ar e apre*ss*ar; a*c*essório e a*ss*essório; empo*ç*ar e empo*ss*ar; interse*ç*ão e interce*ss*ão; pa*ç*o e pa*ss*o; ru*ç*o e ru*ss*o; se*ç*ão e se*ss*ão/ *c*essão... etc.

Semana 11

Dia 1 - Data: __/__/__

71. CADA UM DOS ALUNOS CONTRIBUIU... (OU: "CONTRIBUÍRAM"?)

A proximidade do **verbo** ("contribuiu") com uma palavra no plural pode levar a erro de **concordância**; é possível fazer a chamada **concordância atrativa** (justamente com a palavra mais próxima), porém nem sempre isso é aconselhável, pois é necessário atentar à semântica da oração; cf.:

Uma parte dos alunos *contribuiu/ contribuíram* com a festa.

No exemplo acima, o **verbo** pode concordar com "uma parte" ou com "alunos". "Parte", embora no singular, remete a "mais de um", daí o verbo no plural (**concordância siléptica**).

Já com a expressão "cada um" (e similares), devido ao marcado sentido individualizante, só o singular é possível:

Cada um dos alunos *contribuiu* com a festa. (e não: ~~contribuíram~~)

Dia 2 - Data: __/__/__

72. CAJU OU CAJÚ?

"Caju" é uma palavra **oxítona** (ca-ju); acentuam-se as **oxítonas** apenas quando terminadas pelas vogais "a", "e", "o" (seguidas ou não de "s"), "em" ou "ens". As terminadas em "i" e "u" não são acentuadas:

aqu*i*; caj*u*; divid*i*-lo; igl*u*; Iguaç*u*; jabut*i*; repart*i*-lo; sac*i*; tat*u*; urub*u*... etc.

Note-se que, em todas as palavras acima, "i" e "u" vêm depois de **consoante**; se vierem depois de uma **vogal**, formando com ela um **hiato**, o acento é obrigatório:

açaí (a-ç*a*-í); Anhagabaú (... b*a*-ú); atraí-lo (a-tr*a*-í); baú (b*a*-ú)... etc.

Nestes casos, o acento é obrigatório para diferenciar **ditongo** e **hiato**:

"sai" (s*ai*): "Ele s*ai* cedo para a escola todos os dias."

"saí" (s*a*-í): "Ontem eu saí cedo do trabalho."

Dia 3 - Data: ___/___/___

73. CAMISAS VERDES-OLIVAS (OU: "VERDE-OLIVA"?)

Via de regra, nos **adjetivos compostos**, apenas o último elemento vai para o plural:

Ela tinha belos olhos *castanho-claros.*

Deu-se início às festas *cívico-religiosas.*

EXCEÇÃO → "surdo-mudo", com flexão em ambos os elementos: "meninos surdos-mudos", "crianças surdas-mudas".

Porém, se o segundo elemento funciona como **substantivo**, nenhum dos elementos varia:

Ele comprou duas camisas *verde-oliva.*

Ela ganhou de presente duas gravatas *branco-gelo.*

Ela não gostava dos vestidos *azul-pavão.*

Dia 4 - Data: ___/___/___

74. CÂMPUS... CÂMPI... (COM ACENTO?)

Os **latinismos** normalmente não são acentuados, a não ser que já se encontrem aportuguesados. "Campus" e "campi", embora estejam plenamente de acordo com a regra de acentuação das palavras **paroxítonas** (acentuam-se as terminadas pelas vogais "i" e "u", seguidas ou não de "s"), ainda não são reconhecidas unanimemente pelos dicionários em uso corrente no Brasil; nem tampouco o VOLP as registra como aportuguesadas, mas sim como latinismos; portanto, sem acento.

Observações:

1ª) Há generalizada defesa de que as formas aportuguesadas (isto é, acentuadas) sejam preferidas aos latinismos (isto é, "câmpus" e "câmpi").

2ª) O Novo Acordo Ortográfico atuou, basicamente, no sentido de eliminar acentos, e não de criar mais deles; a recomendação de acento nas referidas palavras, portanto, é uma incoerência sobre a qual futuros acordos deverão se debruçar.

Dia 5 - Data: ___/___/___

75. CANTORA BELGA, CANTOR... BELGO?

Quem nasceu ou vive como naturalizado na Bélgica é "belga", não importa o sexo (ou gênero, como está em voga se dizer):

> O jornalista *belga* recebeu um prêmio por sua atuação nas investigações.
>
> Lara Fabian é uma talentosa cantora *belga* que fez muito sucesso no Brasil.

No Brasil, houve uma importante siderúrgica chamada "Belgo-Mineira"; neste caso, "belgo" está no masculino porque, como já vimos, nos **adjetivos compostos** ("belga" + "mineiro") apenas o último elemento varia.

Observações:

1ª) É bom relembrar que os **adjetivos pátrios** (isto é, que indicam origem, nacionalidade) são grafados, em português, com letra minúscula.

2ª) No caso de "Belgo-Mineira", obviamente, as iniciais são maiúsculas por se tratar de nome próprio.

Dia 6 - Data: ___/___/___

76. CARA A CARA OU CARA À CARA? (OCORRE CRASE?)

Entre palavras repetidas, não ocorre crase (em tais expressões, o "a" é mera **preposição**), e não a fusão de "a" + "a":

Ele foi entrevistado no programa Cara *a* Cara.
Quando ficaram frente *a* frente, perdoaram-se.
Viveu seu luto gota *a* gota, caindo e reerguendo-se.
Repetiu uma *a* uma as palavras ofensivas que ouviu.

ATENÇÃO! → não há exceção.

Dia 7 - Data: ___/___/___

77. CARANGUEJO OU CARANGUEIJO?

Por influência de uma pronúncia relaxada, informal, há confusão na escrita; a forma correta é sem "i" na sílaba "gue":

Não gosto de comer *caranguejo* nem camarão. (ca-ran-gue-jo; "gue", e não: "guei")

Outras palavras que suscitam dúvida semelhante são as seguintes:
abób*a*da (e não "o" na terceira sílaba: a-bó-b*a*-da); band*e*ja (sem "i" na sílaba "de": ban-*de*-ja); hilar*id*ade (sem "e" na sílaba "ri": hi-la-ri-da-de); *i*mp*ig*em (e não: *e*mpi*n*gem: *i*m-p*i*-gem); mante*i*gueira (mantém-se o "i" de "mante*i*ga": man-te*i*-guei-ra); mort*a*dela (sem "n" na sílaba "ta": mor-ta-de-la); oct*o*gésimo (e não "a" na segunda sílaba: oc-t*o*-gé-si-mo); pr*i*vilégio (e não "e" na primeira sílaba: pr*i*-vi-lé-gio); s*o*brancelha (sem "m" na primeira sílaba: so-bran-ce-lha); v*e*ado (e não "i" na primeira sílaba: v*e*-a-do).

Semana 12

Dia 1 - Data: ___/___/___

78. CEM REAIS É POUCO... (OU: "SÃO"?)

Apesar de "cem reais" estar no plural, esta e outras expressões semelhantes (com o **verbo** "ser") são estereotipadas, isto é, já se fixaram na língua, independentemente da lógica gramatical. Usa-se sempre o singular por causa da ideia subentendida:

Cem reais é pouco. (é pouco dinheiro)
Dez quilômetros é longe. (é distância longe)
Duas horas é tarde. (é horário tarde)
Três dias é pouco. (é pouco tempo)

Porém, cf.:

Cem reais *bastam*.

Dia 2 - Data: ___/___/___

79. CERCA DE 30 PESSOAS COMPARECERAM (OU: "COMPARECEU"?)

Este é um caso em que a **concordância atrativa** não se aplica; cf.:

A maioria dos alunos *compareceu* / *compareceram*.

Podemos fazer a **concordância** com a palavra mais próxima ("alunos") ou com a palavra "maioria", pois podemos reescrever assim:

Dos alunos, a maioria *compareceu.*

(concordância com o **núcleo do sujeito**)

A expressão "cerca de" forma um todo indivisível, que não pode ser reescrito:

Pessoas, cerca de trinta *compareceu/ compareceram.* (?)

Assim sendo, a **concordância** só pode se dar no plural, com o todo ("cerca de trinta pessoas"):

Cerca de trinta pessoas *compareceram.*

Dia 3- Data: ___/___/___

80. *C*erração ou *S*erração?

CERRAÇÃO → é o fenômeno atmosférico (neblina, bruma):

Não dirija de madrugada na serra, pois a *cerração* compromete a visibilidade.

SERRAÇÃO → é o ato de serrar com serra (ferramenta usada no corte de madeira):

A *serração* na madeireira era intensa, todo o dia, todos os dias.

Outros **parônimos** e **homônimos** com *C* ou *S* dignos de nota: *c*ético e *s*é(p)tico; *c*egar e *s*egar; *c*ela e *s*ela; *c*enso e *s*enso; *c*ensual e *s*ensual; *c*ervo e *s*ervo; *c*essar e *s*essar... etc.

Dia 4 - Data: ___/___/___

81. CESTA, SESTA OU SEXTA?

CESTA → tipo de recipiente, em geral, feito de vime:

Na mesa havia uma *cesta* decorativa com frutas de plástico.

É, também, a palavra que empregamos na expressão "*cesta* básica".

BIZU → "*C*esto" é um quase sinônimo de "*c*esta", com o mesmo "c" ini*c*ial.

SESTA → repouso, em geral após o almoço, entre o meio-dia e as três da tarde:

A tradicional *sesta* espanhola não é um hábito amplamente difundido no Brasil.

Em algumas regiões espanholas, ainda se faz a *sesta* à risca, conforme o velho costume.

SEXTA → trata-se do numeral:

Nossas reuniões acontecem às *sextas*-feiras.

Marcamos nosso encontro para a próxima *sexta*.

Dia 5- Data: ___/___/___

82. CHÁCARA OU XÁCARA?

CHÁCARA → habitação campestre, próxima à cidade, onde, em geral, se cultivam alimentos para a própria subsistência:

Nos finais de semana, gostamos de descansar do ramerrão da cidade fazendo um passeio à *chácara* da família.

XÁCARA → versos da cultura popular brasileira:

As *xácaras* eram cantadas ao som do violão, num Brasil de outrora.

Outras homônimas/ parônimas dignas de nota, com "ch" ou "x", são as seguintes: bro*ch*a (tipo de prego) e bro*x*a (pincel); *ch*á (infusão) e *x*á (soberano persa), *ch*eque (talão) e *x*eque (xeique árabe), co*ch*o (recipiente) e co*x*o (manco), ta*ch*a (tachinha) e ta*x*a (imposto, tarifa), ta*ch*ar (qualificar) e ta*x*ar (tarifar), etc.

Dia 6- Data: ___/___/___

83. CHEGOU A NOITE (OU: "À NOITE"?)

Depende. Em "Chegou a noite.", "a noite" é o **sujeito** da **oração**; podemos reescrevê-la, assim:

A noite chegou. (ordem direta) (isto é, anoiteceu)

Já em "Chegou à noite", o acento de **crase** forma uma **locução adverbial** (de tempo); quer dizer que alguém chegou quando era noite:

À noite(,) chegou. (isto é, "à noite, alguém chegou")

Observação: A vírgula pode ser empregada (embora não obrigatória) em "À noite**,** (ele) chegou.", mas não em "A noite chegou", pois, neste caso, estaria separando o **sujeito** do **predicado**.

Dia 7- Data: ___/___/___

84. CHEGUEI A CASA TARDE. (OU: "À/ EM CASA..."?)

Do ponto de vista estritamente gramatical, o correto é usar apenas a **preposição** "a":

Cheguei *a* casa tarde. Todos já estavam dormindo.

Voltei *a* casa para buscar algo de que me esqueci.

Diante da palavra "casa", no sentido de "lar", não ocorre crase. A questão, porém, é que no português brasileiro nem sequer usamos essa construção, mas sim:

Cheguei *em* casa tarde. Todos...

Voltei *em* casa para buscar...

Só usamos "a" (craseado) quando há determinação da palavra "casa":

Cheguei *à* casa <u>dos meus amigos</u> pela manhã.

A **regência** "chegar a casa" é própria do português falado em Portugal e de uso corrente, mas, por aqui, tal uso não "pegou". Atente para o contexto e use de acordo.

Semana 13

Dia 1 - Data: ___/___/___

85. CHUVA DE GRANIZO OU DE GRANITO?

A natureza, sábia, não poderia criar uma chuva de granito; se as de granizo já causam estragos, imagine o dano que causariam tempestades de granito!

GRANITO → espécie de rocha extremamente dura (usada, por exemplo, em pisos):

A casa tinha um piso de *granito* belíssimo.

GRANIZO → fenômeno meteorológico no qual a chuva cai em grânulos de gelo:

A chuva de *granizo* danificou seriamente a plantação de uvas.

Observação: Embora "granito" também signifique "pequeno grão", o uso consagrou "granito" para nos referirmos à rocha e "granizo" para nos referimos à dita chuva. O "erro", em si, poderia ser atribuído a um **uso figurado** da palavra "granito".

Dia 2 - Data: ___/___/___

86. CINCOENTA OU CINQUENTA?

"Cinquenta" é a única forma possível:

O perfume custou apenas *cinquenta* reais.

A forma "cincoenta" provavelmente pode ser atribuída à coexistência de variantes, como as seguintes (válidas):

*c*atorze ou *qu*atorze
*c*ociente ou *qu*ociente
*c*ota ou *qu*ota
*c*otidiano ou *qu*otidiano... *etc.*

Dia 3 - Data: ___/___/___

87. CÍRIO OU SÍRIO?

CÍRIO → espécie de grande vela de cera.

BIZU → "*c*írio", com "*c*" de "*c*era":

Em Belém do Pará realiza-se, em 12 de outubro, a procissão do *Círio* de Nazaré.

SÍRIO → referente à Síria (país localizado na Ásia Ocidental):

Imigrantes *sírios* espalharam-se pelo mundo, chegando a países tão distantes quanto o Brasil.

Observação: Como já assinalamos, **adjetivos pátrios** (que indicam origem, nacionalidade) são escritos em iniciais minúsculas em português (a não ser, naturalmente, em início de frase). Em "Hospital Sírio-Libanês", as maiúsculas são usadas, naturalmente, porque se trata de nome próprio.

Dia 4 - Data: ___/___/___

88. CIÚME OU CIÚMES?

Não há questão de "ou" neste caso. Na nossa língua, algumas palavras são empregadas exclusivamente no plural (*pluralia tantum*, isto é, expressão latina que significa "apenas plural"), tais como "bodas", "calças", "fezes", "núpcias", "óculos", etc. Mas não é o caso de "ciúme", que pode ser empregada tanto no singular, quanto no plural:

Ele sente muito *ciúme* de mim.

Seus *ciúmes* estão acabando com a nossa relação.

Observação: Algumas palavras mudam de sentido conforme estejam empregadas no singular ou no plural, como é o caso de "bem" (a bondade) e "bens" (propriedades, pertences); "féria" (rendimentos pecuniários) e "férias" (período de descanso), entre outras.

Dia 5 - Data: ___/___/___

89. CIVIS OU CÍVEIS?

Nomes (**substantivos** ou **adjetivos**) terminados em "il" formam o **plural** de duas maneiras:

* se forem palavras **oxítonas**, troca-se "il" por "is" (por exemplo, "barr*il*" faz "barr*is*");

* se forem **paroxítonas**, troca-se "il" por "eis" ("fóss*il*" faz "fóss*eis*").

No caso em questão, existem as palavras "ci*vil*" (oxítona), cujo plural é, portanto, "civ*is*" e "*cí*vel" (termo técnico — usado na área do direito — **paroxítona**); seu plural é, portanto, "cív*eis*".

As responsabilidades *civis* devem ser cumpridas por todos.

Sua área de atuação no direito são as causas *cíveis*, não as criminais.

Observação: Algumas palavras admitem mais de um plural, tais como: "pro*jé*til" ou "proje*til*" → "projé*teis*" ou "proje*tis*"; "*rép*til" ou "rep*til*" → "rép*teis*" ou "rep*tis*", etc. (nos dois casos, a primeira opção é a mais usual, tanto no singular, como no plural).

Dia 6 - Data: ___/___/___

90. COM NÓS OU CONOSCO?

Por hipercorreção, evita-se, na escrita, o "com nós", mas há uma situação em que essa construção é possível: quando vem determinada por alguma palavra ou expressão:

> Você precisa conversar *com nós* dois a respeito do assunto.
>
> (Cf.: ~~conosco dois~~)
>
> Os alunos não têm empatia para *com nós* professores.

No segundo exemplo, havendo pausa, "conosco" é a forma correta:

> Os alunos não têm empatia *conosco*, os professores.

Naturalmente, não havendo determinação, só cabe "conosco":

> Você precisa conversar *conosco*.
>
> Os alunos não têm empatia *conosco*.

Observação: Ressalte-se que o mesmo se dá com a segunda pessoa do plural: "É *com vós* mesmos que precisamos conversar"; "Precisamos conversar *convosco*".

Dia 7 - Data: ___/___/___

91. COMANDANTE-EM-CHEFE OU COMANDANTE-CHEFE?

Deve-se preferir "comandante-chefe", pois a forma com "em" é um **galicismo** (ou seja, influência do francês); na nossa língua, há palavras similares não construídas com a preposição "em", indicando a tendência do vernáculo atualmente, por exemplo, "editor-chefe".

ATENÇÃO! → eis alguns **galicismos** a evitar e outros já aportuguesados:
* a evitar (correção entre parênteses)
aplomb (garbo), blague (dito chistoso), bom tom (boas maneiras), chefe-de-obra (obra-prima), debacle (fracasso), grande mundo (alta sociedade), todos os dois (ambos), troupe (elenco), etc.

* já aportuguesados:
abajur, boate, bufê, champanha, chique, filé, maiô, mantô, maquiagem (ou "maquilagem"), omelete (ou "omeleta"), pincenê, pivô, etc.

Observações:

1ª) Os estrangeirismos, em geral, não estão sujeitos a regras estritas, sendo que muitos se fixam definitivamente na língua (a exemplo dos latinismos), como "pizza", do italiano, rejeitando-se o aportuguesamento ("píteza" ou "píteça"), como já se sugeriu.
2ª) Dependendo do contexto, se você desejar propositadamente usar um estrangeirismo, é de bom tom (opa!) destacá-lo, por exemplo, usando aspas ou itálico; isso sinalizará para um uso consciente na língua.

Semana 14

Dia 1 - Data: ___/___/___

92. COMO ESTÁ SEU OMELETE? (OU: "SUA OMELETE"?)

Por influência de "ovo", palavra de **gênero masculino**, popularmente se diz "*o* omelete", mas, na norma culta, a forma correta é no feminino:

— Como está *sua* omelete? — perguntou o garçom.

ATENTE → palavras que suscitam dúvida quanto ao **gênero**: *a* cal, *o* champanha, *a* cólera (a doença ou a ira), *a* dengue (doença), *a* derme, *o* dó, *a* libido, *o* lotação (meio de transporte), *a* omoplata, *o* pernoite, *o* tapa... etc.
Observação: A rigor, temos ainda a opção "a omeleta" (raro).

Dia 2 - Data: ___/___/___

93. COMPANHIA OU COMPANIA?

Não se sabe como, na fala espontânea, criou-se a palavra "compania", mas ela simplesmente não existe; a forma correta é com "nh":

Gostaria de ter o prazer de sua *companhia.*
Santo Inácio de Loyola fundou a *Companhia* de Jesus.
"CEMIG" significa "*Companhia* Energética de Minas Gerais".

BIZU → Embora seja algo fácil de se esclarecer, caso ocorra dúvida, lembre-se: "compa*nh*ia", com o mesmo "nh" de "compa*nh*eiro".

Dia 3 - Data: ___/___/___

94. COMPRIMENTO OU CUMPRIMENTO?

COMPRIMENTO → extensão:

Precisamos saber o ***comprimento*** do corredor para encomendarmos o tapete.

CUMPRIMENTO → ato de cumprir ou saudação:

— Nesta escola, o *cumprimento* do dever cabe a todos — disse o diretor.

Durante a cerimônia, os formandos receberam os *cumprimentos* dos presentes.

ATENÇÃO! → Fique de olho nestas **parônimas/ homônimas** com *O* ou *U*: b*o*cal (abertura) e b*u*cal (referente à boca), c*o*mprido (extenso) e c*u*mprido (executado, realizado), r*o*borizar (fortalecer) e r*u*borizar (corar-se), s*o*porativo (que induz ao sono) e s*u*purativo (que facilita a supuração), s*o*rtir (abastecer) e s*u*rtir (resultar), t*o*rvar (irritar) e t*u*rvar (escurecer), v*u*ltoso (vul-to-so) (volumoso) e vult*u*oso (vul-tu-o-so) (congestão facial), etc.

Dia 4 - Data: ___/___/___

95. CONTÉM OU CONTÊM?

O **verbo** "conter" (**derivado** de "ter") e outros também derivados desse mesmo **verbo** recebem **acento agudo** na terceira pessoa do singular e **circunflexo** na terceira pessoa do plural:

CONTÉM → 3ª pessoa do singular:

O que *contém* este envelope? (isto é, o que ele contém?)

CONTÊM → 3ª pessoa do plural:

O que *contêm* estes envelopes? (o que eles contêm?)

Assim também: det*é*m e det*ê*m, obt*é*m e obt*ê*m, entret*é*m e entret*é*m, etc.

Observação: Deve ser usado como **verbo pessoal** (isto é, com **sujeito**), o qual, nas frases em questão, é "envelope(s)"; do contrário, use "há" (formal) ou "tem" (informal): "O que *há* neste envelope?" e "O que *tem* dentro destes envelopes?"

Dia 5 - Data: ___/___/___

96. CONTRA MIM OU CONTRA EU?

Os **pronomes pessoais** "eu" e "tu" não podem vir regidos de **preposição**:

Eles ficaram contra *eu*. (errado)

Eles ficaram contra *mim*. (correto)

Comprei um presente para *tu*. (errado)

Comprei um presente para *ti*. (correto)

Comparam um presente para *eu*. (errado)

Compraram um presente para *mim*. (correto)

No entanto, usamos "eu" ou "tu" se essas palavras forem **sujeito** de um **verbo** que se segue no **infinitivo**, mesmo que, antes delas, ocorra **preposição**; cf.:

Não vá sem *mim*.

Não vá sem *eu* autorizar. ("eu" é **sujeito** de "autorizar")

Trouxe um livro para *ti*.

Trouxe um livro para *tu leres*. ("tu" é **sujeito** de "ler")

Outros exemplos, com a **preposição** em destaque:

Estavam falando sobre *mim*/ *ti*.

Ele veio até *mim*/ *ti*.

Isso fica só entre *mim* e você. (ou: "... entre você e *mim*")

Sabes que faço tudo por *ti*, meu amor.

Ela faz tudo por *mim*.

Observação: Embora o terceiro exemplo possa ser reescrito: "Isso fica só entre nós", pode ser que, em determinado contexto, desejemos realçar os indivíduos, razão pela qual esta regra continua sendo necessária nas gramáticas normativas.

Dia 6 - Data: ___/___/___

97. CONTRATA-SE PROFESSORES (OU: "CONTRATAM-SE"?)

Verbos transitivos diretos + "se" resultam nas seguintes construções:

Contrata-se professor. (no singular; o verbo concorda com "professor")

Contratam-se professores. (no plural; o verbo concorda com "professores")

Isso se dá porque essas frases podem ser reescritas assim:

Professor *é* contratado. (singular)

Professores *são* contratados. (plural)

Essa reescrita não é possível com outros tipos de **verbos** (**intransitivos**, **transitivos indiretos** e **de ligação**), então a concordância é sempre no singular:

Vive-se bem no interior. (**intransitivo**)

Precisa-se de professor/ professores. (**transitivo indireto**)

Era-se mais feliz naqueles tempos. (**de ligação**)

Observação: É erro muito comum encontrar frases com o **verbo** "tratar-se" no plural ("Tratam-se de questões muito sérias"), pois trata-se de um **verbo transitivo indireto**, portanto a única concordância possível é no singular: "Trata-se de questões...").

Dia 7 - Data: ___/___/___

98. COSER OU COZER?

COSER → com "s" de "co*s*turar":

A costureira co*s*eu o vestido rasgado.

COZER → com "z" de "cozinhar":

É fundamental co*z*er os alimentos no tempo certo.

ATENÇÃO! → Notem-se estas **parônimas/ homônimas** com *S* ou *Z*: a*s*ado (com asa) e a*z*ado (oportuno), fú*s*il (fundido) e fu*z*il (tipo de arma), revi*s*ar (rever) e reve*z*ar (trocar turno), vê*s* ("eu vejo", "tu vês"...) e ve*z* (turno), etc.

Semana 15

Dia 1 - Data: ___/___/___

99. CUSTEI A ENTENDER OU CUSTOU-ME ENTENDER?

Do ponto de vista estritamente gramatical, a forma correta é conjugando o **verbo** apenas na **terceira pessoa do singular**:

Custou-me entender suas razões.
↳ **sujeito**

Como o **sujeito** é **oracional**, justifica-se a construção, que equivale a:

Entender suas razões *custou*-me. ("custar" concorda com "entender") (isto é, foi "custoso", difícil)

Naturalmente, a construção "Custei a entender...", apesar de condenada por alguns gramáticos, é aceitável modernamente e aparece abonada em bons autores na atualidade; use, pois, com cautela e de acordo com o contexto.

Dia 2 - Data: ___/___/___

100. DA OU DÁ, DE OU DÊ?

DA → **contração** da **preposição** "de" com o **artigo definido** "a" (**monossílaba átona**, portanto sem acento):

Gosto *da* minha professora.

DÁ → flexão do **verbo** "dar" (**monossílaba tônica**; acentuam-se as terminadas em "a", "e" ou "o", seguidas ou não de "s"):

O aluno *dá* um beijo na professora.

DE → **preposição (monossílaba átona)**:

Gosto *de* minha professora.

DÊ → flexão do **verbo** "dar" (**monossílaba tônica**, portanto acentuada):

Quero que você *dê* atenção à professora.

Dia 3 - Data: ___/___/___

101. DA PÁGINA CINCO À DEZ OU ... CINCO A DEZ? (OCORRE CRASE?)

Não se emprega o acento de **crase** antes de **numerais**, a não ser que estejam indicando horas:

Havia de sete *a* dez pessoas na sala.

A aula começou pontualmente *às* dez (horas).

No caso abaixo, porém, a **crase** ocorre em função da palavra subentendida:

Os exercícios vão da página cinco à (página) dez. (Cf.: "... do capítulo cinco *ao* dez")

Observação: Na indicação de horas, fique atento: não ocorre **crase** depois de **preposição** (exceto da **preposição** "até", caso em que o acento é opcional). Cf.: "A aula foi marcada para *as* dez" e "A aula começará *às* dez".

Dia 4 - Data: ___/___/___

102. DE REPENTE OU DERREPENTE? (JUNTO OU SEPARADO?)

Diferentemente de "depressa", "de repente" são duas palavras:

De repente, fez-se noite fechada, com a chuva que se aproximava.

BIZU → Associe a "de súbito" (também duas palavras).

ATENÇÃO! → As palavras ou locuções seguintes também requerem cuidado: a partir de; com certeza (duas palavras, assim como "sem certeza"); de novo; demais *e* de mais; por isso; senão *e* se não.

Dia 5 - Data: ___/___/___

103. DE SEGUNDA A SEXTA (OU: "À", CRASEADO?)

→ Com "de", sem acento de crase:

As aulas ocorrem de segunda *a* sexta. (Cf.: ... de segunda *a* sábado)

→ Com "da", emprega-se o acento:

O curso ocorreu da segunda *à* sexta da semana passada. (Cf.: ... da segunda *a*o sábado)

Dia 6 - Data: ___/___/___

104. DEDIQUEI-ME A AQUELE TRABALHO. (OU: "ÀQUELE"?)

Para evitar o encontro malsoante da **preposição** "a" (exigida pelo **termo regente**) com o "a" inicial do **pronome demonstrativo** "aquele" (e flexões), elimina-se a **preposição** e emprega-se o acento de crase:

> Dediquei-me àquele trabalho toda a vida. (em vez de: Dediquei-me *a* *a*quele...)
>
> Não queria mais se dedicar àquela pessoa ingrata. (em vez de: ... se dedicar *a* *a*quela...)
>
> Disse adeus àqueles medos de seu passado. (em vez de: ... adeus *a* *a*queles...)

ATENÇÃO! → Se não houver **preposição**, naturalmente não ocorrerá o acento de crase (nos exemplos acima, a **preposição** é exigida pelos **verbos** "dedicar-se" e "dizer" ("quem se dedica, se dedica *a* alguma coisa"; "quem diz, diz algo *a* alguém"):

> Ele não queria mais *a*quela vida. (o **verbo** "querer" não exige a **preposição** "a")

Dia 7 - Data: ___/___/___

105. DEMAIS OU DE MAIS (JUNTO OU SEPARADO?)

DEMAIS → como **advérbio** (**de intensidade**), associa-se a um **verbo** ou **adjetivo**:

> Você comeu *demais*, por isso está se sentindo mal.
> ↳ **verbo**

A decoração natalina ficou linda *demais*.
↳ **adjetivo**

DE MAIS → opõe-se a "de menos" e equivale a "a mais":

O problema é que há trabalho *de mais* e trabalhadores de menos.

Isso não é nada *de mais*! Pare de reclamar!

BIZU → Associe a "de menos" (duas palavras): "Aqui há trabalho de mais, e dinheiro de menos !"

Semana 16

Dia 1 - Data: ___/___/___

106. DESCRIÇÃO OU DISCRIÇÃO?

DESCRIÇÃO → ato de descrever:

A *descrição* que o depoente fez não condizia com a aparência física do réu.

A professora nos solicitou uma redação com a *descrição* de uma tempestade.

DISCRIÇÃO → qualidade de uma pessoa (ou algo) que é discreto (prudente, reservado, sensato):

O professor agiu com muita *discrição* para não constranger a aluna.

PALAVRAS COGNATAS: descrição → descritivo, descrito; discrição → indiscreto, indiscrição

Dia 2 - Data: ___/___/___

107. DESENFORMADO OU DESINFORMADO?

Erro muito comum, usa-se "desenformado", quando se quer dizer "desinformado" (isto é, escasso de informações):

Você é muito *desinformado*. Precisa ler mais, estudar.

"Desenformado" tem relação com "forma" ("ô"), isto é, retirar do molde, da forma/ fôrma:

O bolo acabou se despedaçando quando foi *desenformado*. (pouco usual)

Observação: A partir do Novo Acordo, a palavra "forma", no sentido de "molde", pode receber acento (opcional) diferencial de timbre isto é, "fôrma".

Dia 3 - Data: ___/___/___

108. DESINTERIA OU DISENTERIA?

Popularmente, diz-se "desinteria", ou ainda "disintiria"; porém, na norma culta, o correto é "disenteria" (provém de "dys"+ "entheros" — intestino):

O médico alertou as mães sobre os riscos da *disenteria*. (di-sen-te-ria)

BIZU → O **prefixo** "dis" também ocorre em "*dis*pepsia" (digestão difícil).

Dia 4 - Data: ___/___/___

109. DESPENSA OU DISPENSA?

DESPENSA → local onde se mantêm produtos domésticos ou alimentos:

Estão aparecendo ratos na *despensa*. Precisamos ter cuidado com os alimentos.

DISPENSA → ato de dispensar:

Como foi aprovado no vestibular, o recruta solicitou *dispensa* do serviço militar obrigatório.

ATENÇÃO! → A palavra "dispensário" tem relação com "dispensa" (estabelecimento beneficente onde se dispensam cuidados médicos, entre outros, à população carente).

Dia 5 - Data: ___/___/___

110. DESPERCEBIDO OU DESAPERCEBIDO?

DESPERCEBIDO → que se falhou em perceber, que não foi percebido:

Era um detalhe tão insignificante que passou *despercebido.*

DESAPERCEBIDO → desprovido de, a que falta algo:

A Cigarra estava completamente *desapercebida* de víveres quando chegou o inverno.

Observação: Os **verbos** "aperceber" e "perceber" são sinônimos, sendo o segundo de uso mais corrente; assim, é também possível, embora menos usual, empregar "desapercebido" no primeiro exemplo. Use de acordo com o contexto.

Dia 6 - Data: ___/___/___

111. DESTRATAR OU DISTRATAR?

DESTRATAR → tratar mal a alguém, tratar com descortesia:

Jamais fui *destratado* dessa forma em minha vida! Vou reclamar com a gerência.

DISTRATAR → desfazer um trato, um acordo:

O senhor me desculpe, mas não podemos *distratar* o que já combinamos, compadre!

PALAVRAS COGNATAS: d*e*stratar → d*e*strato; d*i*stratar → d*i*strato

Dia 7 - Data: __/__/__

112. DESTROIER OU DESTRÓIER? (ACENTO NO DITONGO "ÓI"?)

Não se acentuam mais, a partir do novo Acordo Ortográfico, os **ditongos abertos** "éi" e "ói" apenas nas palavras **paroxítonas**: assembl*ei*a, id*ei*a, her*oi*co (mas: herói, **oxítona**), etc.

"*Destróier*" é um tipo de embarcação; o mesmo que "contratorpedeiro".

"Destróier" é **paroxítona**, porém termina em "r", terminação que prevê acento nas **paroxítonas**. A regra das **paroxítonas** tem prevalência sobre a do **acento de timbre** nos **ditongos**.

Observação: Acentuam-se as **paroxítonas** não terminadas em "a", "e", "o", "em" ou "ens" (essas mesmas terminações já preveem acento nas **oxítonas**; em outras palavras: as regras de acentuação das **oxítonas** e **paroxítonas** são mutuamente excludentes).

SEMANA 17

Dia 1 – Data: ___/___/___

113. DEU A LUZ AO PRIMOGÊNITO (OU: "DEU À LUZ..."?)

A expressão correta é com **acento de crase** + **objeto direto** (isto é, sem a **preposição** "a"):

Ela deu *à* luz *o* primogênito. (e não: "... deu *a* luz *a*o primogênito")

Trata-se de um eufemismo que substitui "parir"; é uma expressão "cristalizada" assim na língua, isto é, já está fixada dessa forma. A nova construção é bem-formada, porém não está definitivamente incorporada ao idioma, se é que um dia estará. Atente para o contexto de uso!

Dia 2 – Data: ___/___/___

114. DIA-A-DIA OU DIA A DIA? (HIFENIZA-SE?)

No sentido de "cotidiano", usavam-se os hifens; porém, com o Novo Acordo, não mais:

Assim se resume meu *dia a dia*: lavar, passar, cozinhar...

Usavam-se os hifens para se estabelecer a diferença com a locução "dia a dia", significando "dia após dia":

Dia a dia, lentamente, foi erguendo seu castelo de sonhos.

ATENÇÃO! → No primeiro sentido, possui plural: "dia a dias".

DIA 3 – Data: ___/___/___

115. DIGNATÁRIO OU DIGNITÁRIO?

"Dign*i*tário", por definição, é aquele que ocupa uma posição de alta dignidade:

O Papa é o mais alto *dignitário* da religião católica.

BIZU → O "i", da sílaba "-ni", deve ser associado ao "i" de "dign*i*dade".

Observação: Apesar da razão óbvia para justificar a grafia da sílaba "-ni", a forma "*dignatário*" (dig-na...) é dada como sinônima no VOLP e no dicionário Caldas Aulete. Use de acordo com o contexto.

DIA 4 – Data: ___/___/___

116. DIRIA-SE QUE... (OU: "DIR-SE-IA"?)

A **mesóclise** é obrigatória, ao menos na norma culta escrita, no **futuro do pretérito** e no **futuro do presente** (ambos no **indicativo**); assim, corrija-se para:

Dir-se-ia que é uma informação infundada. (**futuro do pretérito**) (em vez de: ~~diria-se~~)

Exemplos com o **futuro do presente**:

Dir-lhe-ei tudo que sei. (em vez de: ~~direi-lhe~~)

Dir-se-á que tudo foi uma farsa. (em vez de: ~~dirá-se~~)

Realizar-se-á a cerimônia no dia... (em vez de: ~~realizará-se~~)

Observações:

1ª) Em alguns casos, é possível "desfazer" a **mesóclise**, cujo uso, no Brasil, é muito restrito; vejamos: "Eu *lhe* direi tudo que sei": a presença do **pronome pessoal**

reto ("eu"), na função de **sujeito**, pode ser considerada um fator de **próclise**, colocação mais usual dos **pronomes oblíquos átonos** na fala espontânea brasileira.

2ª) O **sujeito** não constituído por **pronome oblíquo átono** (último exemplo) também pode ser considerado fator de **próclise**: "A cerimônia *se* realizará...". ("A Cerimônia realizar-*se*-á..." também é possível.)

DIA 5 – Data: ___/___/___

117. DISFARÇAR OU DISFARSAR?

A confusão é fácil de se entender: a associação com "farsa"; afinal, uma pessoa disfarçada não deixa também de ser uma farsa:

> Ela tentou *disfarçar* sua frustração, mas sua voz embargada a traía.
>
> O detetive se *disfarçou* de prostituta para a investigação do crime.

BIZU → Em caso de dúvida, associe o "ç" de "disfarçar" com o "c" de "es*c*onder".

ATENÇÃO! → Fique de olho na grafia das palavras seguintes: disfar*c*e *e* far*s*ante.

DIA 6 – Data: ___/___/___

118. DISSE A MOÇA... DISSE À MOÇA... (HÁ DIFERENÇA?)

Confrontem-se os exemplos:

> — Saia daqui imediatamente! — disse *a* moça.

"A moça" é o **sujeito** do verbo "dizer": ela ordenou a alguém que saísse (ela é quem disse).

> — Saia daqui imediatamente! — ele disse à moça.

Agora o sujeito de dizer é "ele" (ele é quem disse); "à moça" é o **objeto** (recebedor, alvo) da ação. O acento de **crase** introduz, neste caso, o **objeto indireto**.

Vamos fazer o "tira-teima" da substituição do feminino pelo masculino, para verificar a ocorrência de "ao" (caso em que a **crase** é sempre obrigatória no feminino):

— Saia daqui imediatamente! — ele disse *ao* rapaz.

DIA 7 – Data: ___/___/___

119. DIVIDI-LO OU DIVIDÍ-LO? (TEM ACENTO?)

Palavras **oxítonas** terminadas em "i" e "u", seguidas ou não de "s" (e precedidas de **consoante**) — desconsidere o pronome "-lo" — nunca são acentuadas:

O dinheiro, pretendo divi*di*-lo em partes iguais com todos.

Porém, se essas vogais formarem **hiato**, o acento é obrigatório: açaí (a-ça-í), atraí-lo (a-tra-í), baú (ba-ú), Anhangabaú (A-nha-ga-ba-ú), etc.

Observação: **Paroxítonas** terminadas por "*i*(s)" ou "*u*(s)" são sempre acentuadas; note-se que a acentuação das **oxítonas** e **paroxítonas** segue o princípio de oposição: se determinada terminação **oxítona** requer acento, essa mesma terminação não o requererá nas **paroxítonas**, e vice-versa (é por isso que acentuamos "também", mas não acentuamos "it*em*"; acentuamos "parabéns", mas não acentuamos "it*ens*", "it*ens*", "hif*ens*", "liqu*ens*", etc).

SEMANA 18

DIA 1 – Data: ___/___/___

120. DUAS MILHÕES DE DOSES (OU: "DOIS MILHÕES"?)

A palavra "milhão" é sempre masculina, quer se refira a palavras de **gênero** feminino ou masculino:

> *Dois* milhões de mulheres / homens participaram da marcha.
>
> Foram aplicadas dois *milhões* de doses da vacina.
>
> (mas: "... *duas* doses/ *duas* mil doses")

Ficar atento. "Deslizezinho" à toa, mas bastante comum!

DIA 2 – Data: ___/___/___

121. DONA DE CASA OU DONA-DE-CASA? (HIFENIZA-SE?)

Palavras compostas ligadas por **preposição** (no caso, "de") levavam hifens antes do Acordo Ortográfico, quando se desejava destacar um sentido não literal, diferente do usual, por ex.:

> "copo-de-leite" (espécie de flor) e "copo de leite" (copo contendo leite);
> "pé-de-cabra" (tipo de instrumento) e "pé de cabra" (pé do animal)

Assim era o caso de "dona-de-casa", que se hifenizava quando desejamos destacar o sentido de "aquela que cuida do lar", "a esposa", enquanto uma "dona de casa" designaria simplesmente a proprietária de um imóvel.

A partir do Acordo, independentemente do sentido, aboliram-se os hifens:

> A mulher não quer mais ser *dona de casa*: quer seu merecido espaço na sociedade. ("do lar")
>
> Ela é *dona de casa* de altíssimo valor imobiliário naquele bairro nobre da cidade. (proprietária)

Pelo Novo Acordo, portanto, o hífen "desapareceu" de palavras como as seguintes: mula sem cabeça (animal folclórico); pai dos burros (popularmente, o dicionário); pão de ló; pau de arara (meio de transporte irregular); pé de moleque (tipo de doce)... etc.

Mas permanece em termos referentes a animais ou à botânica:

> O *copo-de-leite* é uma planta muito delicada. (o mesmo que "açucena")
>
> A *banana-da-terra* é normalmente consumida frita ou cozida.
>
> *Negrinho-do-mato* é uma espécie de pássaro.

DIA 3 – Data: ___/___/___

122. DUZENTAS GRAMAS OU DUZENTOS GRAMAS?

GRAMA → unidade de massa: tradicionalmente, é **substantivo masculino**:

> (DIÁLOGO)
>
> Cliente: Me vê *duzentas* gramas de presunto, seu Joaquim!
>
> Açougueiro: Valha-me, Deus! Dois erros de português numa mesma frase.
>
> Cliente: Que erros, seu Joaquim? Nós aqui no Brasil não falamos como vocês lá em Portugal.
>
> Açougueiro: Vê-me *duzentos gramas* de presunto, ó gajo!
>
> Cliente: Deixa disso, seu Joaquim! Por acaso o senhor não estaria melhor numa sala de aula?

Observação: Não obstante o exposto, o eminente gramático Rocha Lima defende o uso amplamente difundido de "grama" no feminino, mesmo na designação de peso; parece-nos, no entanto, mais prudente, por falta de mais abonações, seguir a prescrição tradicional.

GRAMA → relva, gramado, **substantivo feminino**:

Já não diz o ditado, "*A* grama do vizinho é sempre mais verde"?

DIA 4 – Data: ___/___/___

123. É NECESSÁRIO A SUA ATENÇÃO. (OU: "NECESSÁRIA"?)

Nesta e em construções semelhantes, usa-se o masculino na ausência de **artigo definido feminino**:

Neste trabalho, é necessári*o* atenção para evitar acidentes.

Cf.:

É necessári*a* a atenção de todos durante as explicações.

DIA 5 – Data: ___/___/___

124. É PRECISA A SUA COLABORAÇÃO. (OU: "PRECISO"?)

Entre os autores clássicos, podia-se ler uma frase como a seguinte:

É precis*a* a atenção de todos para evitar acidentes.

Porém, não se trata de uma construção vernácula. Diferentemente do caso da palavra "necessário", que vimos acima, é indiferente a presença do artigo; corrija-se, portanto, empregando sempre o masculino:

"É precis*o* a atenção..."

Observação: Naturalmente, no sentido de "acurado", "exato", "preciso" concorda normalmente com o **substantivo** a que se refere: "Sua atenção aos menores detalhes é precis*a*" ("precisa" refere-se a "atenção").

DIA 6 – Data: ___/___/___

125. ELA É A CABEÇA DA QUADRILHA. (OU: "O CABEÇA"?)

Certos **substantivos** mudam de sentido conforme o **gênero**:

a capital (cidade) e *o* capital (dinheiro)
a moral (moralidade) e *o* moral (ânimo)
a cisma (ideia fixa) e *o* cisma (dissidência)
a cabeça (parte do corpo) e *o* cabeça (o líder)

No caso de "cabeça", usada em sentido figurado (líder, chefe, etc.), emprega-se sempre no masculino, ainda que se refira a mulheres:

Ela é *o* cabeça da quadrilha.
O cabeça da gangue era uma chinesa.

DIA 7 – Data: ___/___/___

126. ELA ESTAVA TODA CONTENTE. (OU: "TODO CONTENTE"?)

A palavra "toda" (**pronome indefinido**) é variável em **gênero**, mas está empregada, no contexto, como se fosse um **advérbio** (palavra invariável; equivalendo a "completamente"), daí alguns autores defenderem seu emprego sempre no masculino ("Ela estava **tod*o*** contente"); essa não é, porém, uma posição consensual:

alguns gramáticos tratam como um caso de exceção e recomendam a flexão no feminino.

Tomemos esta abonação de Machado de Assis, de seu famoso apólogo:

> Por que você está com esse ar tod*a* cheia de si? (o Alfinete perguntando à Agulha)

Ou "est'outra", de Alphonsus de Guimaraes:

> Quando Ismália enlouqueceu,
> Pô-se na torre a sonhar (...)
> E no sonho em que se perdeu,
> Banhou-se tod*a* em luar...

Use com cautela, atentando-se no contexto.

SEMANA 19

DIA 1 – Data: ___/___/___

127. ELA NÃO SIMPATIZAVA COMIGO. (OU: "SE SIMPATIZAVA"?)

"Simpatizar" não é **verbo pronominal**, portanto emprega-se sem "me", "te", "se", etc.

> Eu não *simpatizo* com o novo professor.
> (e não: "Eu não ~~me~~ simpatizo...")
> Nós não *simpatizamos* com os alunos.
> (e não: "Nós não ~~nos~~ simpatizamos...")
> Por que você não *simpatiza* com ela?
> (e não: "Por que você não ~~se~~ simpatiza...?")

Observações:

1ª) Seu antônimo também se emprega da mesma forma: "Por que você *antipatiza* com ele?"

2ª) O único **verbo** essencialmente **reflexivo**, na língua portuguesa, é "suicidar-se". Embora as pessoas vejam aí um **pleonasmo vicioso**, contrariando o "achismo" geral, está correto: "O rapaz *se* suicidou devido a muitas dívidas".

DIA 2 – Data: ___/___/___

128. ELE AJUDA A TODOS, E NINGUÉM RECONHECE. (VÍRGULA ANTES DO "E"?)

Em geral, emprega-se vírgula antes das **conjunções coordenativas** (**aditivas, adversativas, alternativas, conclusivas** e **explicativas**), exceto antes da **aditiva** "e":

> Ele se esforçou bastante, *mas* não foi aprovado.

Ou você se esforça, *ou* será reprovado.

Você se esforçou bastante, *portanto* será aprovado.

Esforce-se bastante, *que* você será aprovado.

Estudem bastante, *pois* a prova será difícil.

Há casos, porém, em que a vírgula é recomendável (mas não obrigatória), mesmo antes da conjunção "e".

* Quando as **orações** do **período** têm **sujeitos** diferentes:

O pai trabalha todo o dia**,** *e* a mãe cuida dos filhos.

* Quando ocorre **polissíndeto** (repetição intencional da **conjunção**):

E gritava**,** *e* gesticulava**,** *e* resmungava**,** *e* praguejava, mas ninguém a ouvia.

* Quando "e" possui certo matiz **adversativo**:

Ele ajuda a todos**,** *e* ninguém reconhece. (= mas, porém, todavia, etc.)

DIA 3 – Data: ___/___/___

129. ELE ASPIRA CRESCER NA EMPRESA. (OU: "ASPIRA A"?)

No sentido de almejar, desejar, ter como meta, "aspirar" é um **verbo transitivo indireto**, exigindo a **preposição** "a":

Ele aspira *a* um cargo mais alto na empresa em que trabalha.

No entanto, se "aspirar" vier seguido de **infinitivo**, é aconselhável manter a **preposição**, em consonância com sua regência tradicional, mas também é lícito omiti-la:

Ele aspira (*a*) crescer na empresa...

Observações:

1ª) No primeiro exemplo (isto é, quando "aspirar" vem, em geral, seguido de **substantivo**), a **preposição** é obrigatória.

2ª) Sem ela, "aspirar" muda de sentido: "As vítimas do incêndio *aspiraram* muita fumaça"; "Extasiado, o gatinho *aspirava* o perfume das flores" (= inalar, tragar).

DIA 4 – Data: ___/___/___

130. ELA ALMEJA PODER E FAMA. (OU: "ALMEJA POR?")

O **verbo** "almejar" constrói-se como **transitivo direto** ou **indireto**, no sentido de ansiar por algo:

> Ele *almejava* uma vida tranquila. (**transitivo direto**; "almejava-a")

Ou:

> Ele *almejava* por uma vida tranquila. (**transitivo indireto**; rege a **preposição** "por")

Num sentido pouco usual modernamente, mas, talvez digno de nota, é **intransitivo**, significando agonizar, estar prestes a morrer:

> Em seu leito de morte, Margarida *almejava*, então foram buscar Eugênio às pressas.

DIA 5 – Data: ___/___/___

131. ELE ASSISTI A MUITOS FILMES TODOS OS DIAS. (OU: "ASSISTE"?)

ASSISTI → é forma do pretérito **perfeito do indicativo** (passado):

> Eu *assisti* a esse filme semana passada. (as-sis-ti; **oxítona**)

ASSISTE → é forma do **presente do indicativo**:

Você *assiste* a novelas e minisséries? (as-sis-te; **paroxítona**)

CONCLUSÃO → Com "i" (**vogal tônica**), referimo-nos ao passado; com "e" (**vogal átona**), ao presente.

Observação: Convém relembrar que **oxítonas** terminadas em "i(s)" e "u(s)" nunca são acentuadas quando essas vogais vêm precedidas de consoante.

DIA 6 – Data: ___/___/___

132. ELE INTERVIU NA DISCUSSÃO. (OU: "INTERVEIO"?)

"Intervir" é um **verbo derivado** de "vir" e é conjugado exatamente como este:

eu venho → eu inter*venho*
eu vim → eu inter*vim*
ele veio → ele inter*veio*
se nós viéssemos → se nós inter*viéssemos*
eles vieram → eles inter*vieram*... *etc.*

Ele inter*veio* na discussão e encerrou a polêmica.

ATENÇÃO! → Atente-se ao **particípio**, cuja forma é a mesma do **gerúndio**: "Se você não tivesse intervi*ndo*, a discussão teria se prolongado" (com "n" na terceira sílaba: in-ter-vi*n*-do). (A forma "intervido" ("-vi") não existe.)

DIA 7 – Data: ___/___/___

133. ELE NÃO SE DIGNOU AGRADECER-ME. (OU: "A/ DE AGRADECER"?)

"Dignar-se" (isto é, "ter a dignidade de") pode-se construir de três formas:

* com a **preposição** "a" (construção mais comum):

Ele não se *dignou* a agradecer-me o favor que lhe fiz.

* com a **preposição** "de" (opção mais comum no português europeu):

Ela não se *dignou* de ajudar-me com uma coisa tão simples.

* sem **preposição** (menos comum):

Ele não se *dignou* agradecer-me o favor...

SEMANA 20

DIA 1 – Data: ___/___/___

134. ELES NÃO SE PRECAVERAM. (OU: "PRECAVIRAM"?)

Está certo. Trata-se de um **verbo defectivo** (isto é, a que faltam algumas flexões em alguns **tempos** e **modos**).

* no **presente do indicativo**, só apresenta a 1ª e 2ª pessoas do plural:
* ênclise: "precavemo-nos" e "precaveis-vos";
* **próclise**: "nós nos precavemos"; "vós vos precaveis"

Observe que, em ênclise, o "s" não ocorre no final da primeira pessoa ("nós").

Como não nos *precavemos*, fomos pegos de surpresa.

Precavemo-nos, por isso não fomos pegos de surpresa.

Eles não se *precaveram*, por isso estavam em situação de penúria.

* no **pretérito perfeito do indicativo**, tem conjugação completa: "eu me precavi" ou "precavi-me", "tu te precaveste" ou "precaveste-te", "ele se precaveu" ou "precaveu-se", "nós nos precavemos" ou "precavemo-nos", "vós vos precavestes" ou "precavestes-vos", "eles se precaveram" ou "precaveram-se".

<u>Observações:</u>

1ª) Não é **verbo derivado** de "ver", portanto cuidado com flexões como "precaviu", "precavimos", "precaviram", etc., todas incorretas.

2ª) Quando não existe a 1ª pessoa do **presente do indicativo**, não existirão, tampouco, todo o **presente do subjuntivo** nem, consequentemente, todo o **imperativo negativo** (nesses casos, usa-se um sinônimo para suprir a forma defectiva).

DIA 2 – Data: ___/___/___

135. ELE NÃO VAI A FESTAS. (OU: "À"?)

Não ocorre **crase** quando o **substantivo** que se segue à **preposição** "a" está no plural, pois, nesses casos, estamos nos referindo ao nome (**substantivo**) de maneira genérica, isto é, sem especificação:

Ele não vai *a* festas. (Cf. "Ele não vai *a* bailes.") (Cegalla)

Quando ocorre alguma forma de determinação (especificação), ocorrerá a **crase**:

Ele não compareceu *às* festas juninas da escola. (Cf.: "... não compareceu *aos* festejos")

DIA 3 – Data: ___/___/___

136. ELE QUERIA FICAR A SÓS. (OU: "A SÓ"?)

A expressão correta é "a sós", ainda que se refira a uma única pessoa:

Deixemo-lo, pois ele quer ficar *a sós*.

— Dê-nos licença, gostaríamos de ficar *a sós* — disseram elas.

A palavra "só" é variável nos seguintes empregos:

Os idosos viviam muito *sós* naquele asilo pobrezinho. (sozinhos)

Esses fatos, por si *sós*, são insuficientes para incriminá-lo. (mesmos)

DIA 4 – Data: ___/___/___

137. ELE REAVEU SEUS BENS. (OU: "REOUVE"?)

O **verbo** "reaver" (recuperar, obter de volta) é **derivado** de "haver" e só se conjuga nas formas em que este apresenta a letra "v":

* tomemos o **presente do indicativo** do **verbo** "haver" como exemplo:

eu hei, tu hás, ele há, nós <u>ha*v*emos</u>, vós <u>ha*v*eis</u>, eles hão

Como somente a 1ª e 2ª pessoas do plural apresentam a letra "v", apenas essas pessoas possuem o verbo "reaver": "nós rea*v*emos", "vós rea*v*eis".

* Confrontemos com o **pretérito perfeito**:

eu hou*v*e, tu hou*v*este, ele hou*v*e, nós hou*v*emos, vós hou*v*estes, eles hou*v*eram

Como ocorre a letra "v" em todas as pessoas de "haver", existirão, portanto, todas as formas correspondentes de "reaver": eu reou***v***e, tu reou***v***este, ele reou***v***e, etc.

PORTANTO → Ele reou*v*e na justiça os bens que lhe roubaram. (isto é, obteve de volta)

DIA 5 – Data: ___/___/___

138. ELEFANTA, ELEFOA OU ALIÁ?

Só há uma forma feminina possível:

O elefante e a elefant*a* foram os últimos a subir à arca de Noé.

A forma "elefoa" simplesmente não existe. Pode ser uma forma jocosa, como, por exemplo, "jacaroa" (o jacaré fêmea), que o usuário da língua cria com finalidades expressivas e a forma se difundiu como se fosse correta; não obstante, os femininos "diaba" e "diáboa", também de cunho popular, encontram-se dicionarizados.

E quanto a "aliá"? Também é a fêmea do elefante, porém é palavra de origem cingalesa, incomum no português brasileiro; não há, pois, motivo para usá-la sem uma razão específica.

DIA 6 – Data: ___/___/___

139. ELES SE DESAVIRAM. (OU: "DESAVIERAM"?)

"Desavir-se" quer dizer "pôr-se em desavença" com alguém (desentendimento, discórdia):

> Os dois amigos se *desavieram* por uma questão à toa.
> Quando a herança é grande, os herdeiros se *desavêm*.

Conjuga-se exatamente como o verbo "vir":

> eu venho → eu me desa*venho*
> tu vieste → tu te desa*vieste*
> nós vínhamos → nós nos desa*vínhamos*
> (que) eles venham → que eles se desa*venham*... *etc.*

Observação: Mantém o mesmo **particípio** de "vir" (vindo): "Tendo-se desavi*n*do com todos na empresa, tornou-se pessoa muito malquista e achou melhor pedir demissão".

DIA 7 – Data: ___/___/___

140. EM ANEXO (OU: "ANEXO(S)")?

A palavra "anexo" é perfeitamente variável vernaculamente:

Segue anex*o* o documento solicitado.

Seguem anex*os* os documentos...

Segue anex*a* a lista de candidaturas.

Seguem anex*as* as listas...

A expressão "em anexo", porém, é sempre invariável:

Segue em anex*o* o documento solicitado.
Seguem em anex*o* os documentos...
Segue em anex*o* a lista de candidaturas.
Seguem em anex*o* as listas...

Observação: Não obstante a caturrice de alguns puristas, a expressão "em anexo" encontra-se, hoje em dia, plenamente incorporada à norma culta escrita.

SEMANA 21

DIA 1 – Data: ___/___/___

141. EM FÉRIAS OU DE FÉRIAS?

À semelhança da expressão "entrar *em* recesso", diz-se "entrar/ estar *em* férias":

Entro *em* férias dentro de um mês.

Encontrei-os enquanto estavam *em* férias.

Não é, porém, incorreta a variante vernácula "*de* férias".

— Professora, quando entraremos *de* férias? — perguntaram os alunos.

Observação: Note-se que existem as palavras "férias" e "féria" (esta última, o mesmo que "lucro", "renda").

DIA 2 – Data: ___/___/___

142. EMERGIR OU IMERGIR?

EMERGIR → subir à superfície, despontar:

Com a seca, a torre da igreja, que havia sido coberta pelas águas, começou a *e*mergir.

No princípio o veículo afundou, mas logo começou a *e*mergir.

IMERGIR → afundar, submergir:

Naquela fatídica noite, o grande navio *i*mergiu nas águas frias do Atlântico, ficando por anos no fundo do oceano.

Observação: Figurativamente, pode-se dizer que uma pessoa está imersa, isto é, "afundada", na leitura: "Estava profundamente *imerso* no romance que lia, avidamente".

DIA 3 – Data: ___/___/___

143. EMIGRANTE OU IMIGRANTE?

Depende do ponto de vista:

EMIGRANTE → aquele que sai de seu país (ou, por extensão, de seu local) para viver em outro:

> Quando os *e*migrantes brasileiros chegam ao México, tentam entrar ilegalmente nos Estados Unidos.

IMIGRANTE → é aquele que entra em determinado país (que não é o seu de origem):

> Uma vez que cruzam a fronteira, os brasileiros passam a viver nos EUA como *i*migrantes ilegais.

Observação: Note-se, ainda, a palavra "migrante", que se refere a todo aquele que migra, isto é, que se muda de região ou país pode-se aplicar aos dois exemplos.

DIA 4 – Data: ___/___/___

144. ENCHURRADA OU ENXURRADA?

Depois da sílaba "-en", normalmente se emprega "x":

> en*x*oval, en*x*urrada, en*x*ame, en*x*ó (tipo de enxada), en*x*aqueca, etc.

Note-se, porém, que, se a palavra for derivada de outra que contém "ch", mantém-se o "ch", como as seguintes, todas derivadas de "cheio": en*ch*er, en*ch*ente, en*ch*imento, preen*ch*er, preen*ch*imento... etc.

DIA 5 – Data: ___/___/___

145. ENTRADA PROIBID*A* OU ENTRADA PROIBID*O*?

Na **frase nominal** (isto é, sem **verbo**), o mais comum é o feminino:

> Na placa, lia-se: "Entrada proibid*a*".

Mas o masculino também é possível, embora raro:

> Na placa, lia-se: "Entrada proibid*o*".

Na **oração** (isto é, na **frase verbal**), emprega-se o masculino quando não há determinação:

> "Entrada é proibid*o*", informava a placa.

Havendo alguma forma de determinação (isto é, especificação), o feminino é usado:

> Entrada de estranhos é proibid*a*.

DIA 6 – Data: ___/___/___

146. ENTREGA À DOMICÍLIO (OU: "EM DOMICÍLIO")?

A construção dominante ("a domicílio") é condenada pela gramática normativa:

> "Fazemos entrega *em* domicílio", informava o armazém. (mais recomendável)

Vê-se grafada, por todo o canto, a construção com "a"; talvez isso se deva a uma espécie de **metonímia**: "entrega *a*o (dono do) domicílio". De qualquer forma, cumpre notar que a construção recomendada pela gramática normativa é com "em". Fique, pois, atento ao contexto de uso.

DIA 7 – Data: ___/___/___

147. ERBÁCEO OU HERBÁCEO (COM OU SEM "H"?)

Embora o **adjetivo** "herbáceo" se refira a "erva(s)", grafa-se sempre com "h" (**etimológico**):

Um odor *herbáceo* tomava conta do ambiente.

COGNATAS → *h*erbicida (que destrói erva daninha); *h*erbívoro (que se alimenta de erva)

Outras palavras com "h" (**etimológico**) dignas de nota: *h*ábito, *h*aver, *h*esitar, *h*igiene, *h*odierno (isto é, relativo ao hoje), *h*onrado e *h*umildade.

SEMANA 22

Dia 1 – Data: ___/___/___

148. ERRADICADO NOS ESTADOS UNIDOS... (OU "RADICADO"?)

São palavras diferentes:

RADICADO → que fixou domicílio em algum lugar:

O artista brasileiro, *radicado* nos Estados Unidos, faz grande sucesso na Broadway.

ERRADICADO → que foi completamente eliminado:

A doença foi completamente *e*rradicada no país, mas ameaça voltar.

Observação: Ambas as palavras têm relação com o radical latino da palavra "raiz", significando, figurativamente, "fixar raízes" e "arrancar pela raiz", respectivamente.

Dia 2 – Data: ___/___/___

149. ESA OU EZA? (TERMINAÇÃO)

→ Usa-se "e*s*a":

* nos **adjetivos pátrios**: portugue*s*a, ingle*s*a, france*s*a, etc.

ATENÇÃO! → "português", "inglês", "francês", etc. têm acento, porém a terminação "e*s*a" não o mantém.

→ Usa-se "e*z*a":

* nos **substantivos abstratos** derivados de **adjetivos**:

belo → bele*z*a, delicado → delicade*z*a, esperto → esperte*z*a, mole → mole*z*a, rico → rique*z*a, etc.

Dia 3 – Data: ___/___/___

150. ESOTÉRICO OU EXOTÉRICO?

Ambas as palavras existem, mas com significados diferentes:

ESOTÉRICO → hermético, fechado, de difícil compreensão; 2. místico, obscuro

Uma obra e*s*otérica não conquista o grande público devido à sua inacessibilidade.

Em vez de uma fundamentação científica, acreditavam em explicações e*s*otéricas.

BIZU → Associe o "s" de "e*s*o" com o "s" de "mí*s*tico" (mi*s*ticismo).

EXOTÉRICO → comum, trivial (pouco usual):

Aquela explicação foi rejeitada pelos cientistas como muito e*x*otérica para ser levada a sério.

Dia 4 – Data: ___/___/___

151. ESPECTADOR OU EXPECTADOR?

ESPECTADOR → aquele que vê, presencia algo (como um espetáculo, partida de futebol, programa televisivo, etc.):

Os espectadores gritavam entusiasmados da arquibancada.

Os telespectadores brasileiros adoram as novelas do horário nobre.

EXPECTADOR → aquele que está na expectativa (pouco usual):

Somos todos expectadores de que surja logo uma solução para o impasse.

(mais comum: "Estamos todos na expectativa de que surja...")

Dia 5 – Data: ___/___/___

152. ESPIRAR OU EXPIRAR?

ESPIRAR → 1. bafejar, soprar 2. exalar, desprender 3. estar vivo

A brisa que espirava do mar refrescava a tarde quente.

As flores espiravam um odor agradável no ambiente.

O acidente foi grave, porém a vítima ainda espirava. (pouco usual)

EXPIRAR → 1. caducar, terminar, finalizar 2. morrer

Depois que o prazo expirar, não serão aceitas reclamações.

Após pavoroso estertor, a vítima, agonizante, finalmente expirou.

Dia 6 – Data: ___/___/___

153. ESPLÊNDIDO OU EXPLÊNDIDO?

Esta palavra, que causa muita dúvida, mantém o "s" etimológico (do latim "splendidus"):

A atuação da cantora como atriz foi considerada esplêndida!

Observação: Também com "s": esplendor e esplendoroso.

Dia 7 – Data: ___/___/___

154. ESQUECER ALGO OU ESQUECERE-SE DE ALGO?

Este **verbo** admite duas construções; ei-las:

* como **verbo transitivo direto**, não **pronominal**:

Eu *esqueci* a tarefa que o professor solicitou. (esqueci-*a*) (mais usual)

* como **transitivo indireto**, **pronominal**:

Eu me *esqueci* (ou: "Esqueci-me...") da tarefa que o professor solicitou. (formal, culto)

SEMANA 23

Dia 1 – Data: ___/___/___

155. ESQUECEU-ME AQUELE INFORTÚNIO DO PASSADO. (ESTÁ CERTO?)

Esta construção, de feitio pouco comum modernamente, é mais usual em nível elevado, literário; equivale a "Aquele infortúnio do passado caiu no esquecimento".

O **verbo** "esquecer" fica sempre na **terceira pessoa do singular**:

> *Esqueceu*-me aquela(s) lembrança(s) triste(s) do passado.

O mesmo vale para o **verbo** "lembrar":

> *Lembrou*-me que um dia estive naquela mesma posição. (isto é, "Veio à lembrança que um dia...")

Ambas as construções são, hodiernamente, de rara ocorrência; usar com cautela, de acordo com o contexto.

Dia 2 – Data: ___/___/___

156. ESSE OU ESTE?

ESSE → associe a "aí" (próximo de com quem se fala):

> Que livro é *esse* (aí) na sua mão/ na sua mesa?

ESTE → associe a "aqui" (próximo de quem fala):

> *Este* relógio (aqui no meu braço) me custou uma fortuna.

BIZU → este aqui, esse aí, aquele lá

Dia 3 – Data: ___/___/___

157. ESTADA OU ESTADIA?

ESTADA → permanência de alguém em algum lugar:

O time do nosso hotel espera que o senhor tenha tido uma excelente *estada*.

ESTADIA → permanência de navios em um porto:

As mercadorias estragaram durante a longa *estadia* do navio no porto de Santos.

Observação: O uso de "estadia", para se referir à hospedagem (primeiro exemplo), tem sido tão amplamente difundido que é considerado aceito por alguns lexicógrafos e gramáticos; use, pois, de acordo com o contexto.

Dia 4 – Data: ___/___/___

158. ESTÃO À MESA OU ESTÃO NA MESA?

Significam coisas diferentes:

ESTÃO À MESA → sentados em redor da mesa:

Os convidados aguardam o almoço *à* mesa. (sempre com **acento de crase**)

ESTÃO NA MESA → em cima de, sobre:

Os materiais estão *na* mesa de trabalho.

Construções semelhantes: estar ao computador/ telefone (em vez de: "no").

Dia 5 – Data: ___/___/___

159. ESTAR A PAR OU ESTAR AO PAR?

ESTAR A PAR → estar "por dentro" (isto é, informado) de algo:

Você já está *a par* do que aconteceu ontem na empresa?

ESTAR AO PAR → estar em equivalência cambial:

Conta-se que, nos tempos áureos da economia brasileira, o real e o dólar já estiveram praticamente *ao par*. (isto é, um dólar custava um real)

Dia 6 – Data: ___/___/___

160. ESTÁGIO OU ESTÁDIO?

Podem-se usar intercambiavelmente, embora "estágio", no sentido de "fase", tenha se fixado mais comumente:

Quando a doença foi detectada, já estava em *estágio/ estádio* avançado.

O cadáver foi encontrado em *estágio/ estádio* avançado de decomposição.

Essas palavras são dadas como sinônimas, mas, no português brasileiro moderno, o uso consagrou a forma "estado" (em vez de: "estádio"), ficando esta última mais usada no sentido restrito de recinto destinado a práticas desportivas (ou: "esportivas").

Dia 7 – Data: ___/___/___

161. ESTENDER OU EXTENDER?

A grafia foi fixada por convenção, pois, assim como "extensão" e "extensivo", deveria ser com "x", porém está consignada nos dicionários (e no VOLP) com "s":

Vou solicitar na secretaria que e*s*tendam o prazo de inscrições.

MAS → Vou solicitar na secretaria uma e*x*tensão de prazo.

Aqui se vê um caso em que o velho argumento etimológico, tão invocado para defender certas grafias, foi completamente ignorado.

SEMANA 24

Dia 1 – Data: ___/___/___

162. ESTÓRIA OU HISTÓRIA?

No sentido de narrativa ficcional (fábulas, contos, etc.), "história" tem predominância desde há muito:

Meus pais liam uma *h*istória para eu dormir.

— Isso é *h*istória para boi dormir! — bradou ele.

A grafia "estória" foi proposta para deixar claro que se tratava de algo ficcional, oposto, por exemplo, a um relato verdadeiro:

"Nesta autobiografia, conto a *h*istória real de minha vida," disse o ator.

Estas *e*stórias da carochinha já não seduzem as crianças de hoje.

João Guimarães Rosa escreveu o livro de narrativas "Primeiras *E*stórias".

Note-se, porém, que essa proposta ("estória") não se fixou oficialmente na língua: nos dois últimos exemplos acima, pode-se grafar "história".

Observação: Para nos referimos à disciplina escolar, melhor é empregar inicial maiúscula (mas minúscula também é possível); no caso da ciência em si, a inicial maiúscula é, em geral, preferível.

Dia 2 – Data: ___/___/___

163. ESTUDO A LITERATURA AMERICANA E INGLESA (OU: "AS LITERATURAS?")

Quando um **substantivo** (no caso, "literatura") se refere a dois ou mais **adjetivos** ("americana" e "inglesa") há dois padrões possíveis:

* o **substantivo** fica no plural e os **adjetivos,** no singular:

Estudo as *literaturas* americana e inglesa.

* repete-se o **substantivo**, no singular (ou deixa-se a segunda ocorrência implícita).

Estudo a *literatura* americana e a (literatura) inglesa.

Observação: Dizer "Estudo as literaturas americanas e inglesas" significaria algo diferente: por exemplo, a literatura da América do Sul, da América Latina, da América Central, do México, etc. No exemplo dado, estamos nos referindo ao que se consagrou, malgrado a oposição de certa parcela da sociedade, como sinônimo de "estadunidense".

Dia 3 – Data: ___/___/___

164. ESVASIAR OU ESVAZIAR?

Bateu dúvida? Pense sempre na palavra original: se "vazio" é com "z", "esvaziar" o mantém:

Precisamos esvaziar um pouco estes vasos. Estão muito cheios.

COGNATAS → esvaziamento e esvaziado

Dia 4 – Data: ___/___/___

165. EU AMO CONCEIÇÃO. & EU AMO, CONCEIÇÃO. (HÁ DIFERENÇA?)

Sim, e muita! Uma vírgula pode fazer grande diferença.

Em "Eu amo Conceição", Conceição é a pessoa amada; em termos gramaticais, ela é o alvo, o "beneficiário" da ação verbal; é, portanto, **objeto** (**direto**) do **verbo** "amar" ("quem ama, ama alguém ou alguma coisa").

Já em "Eu amo**,** Conceição", alguém está dizendo a Conceição que ama a alguém (Conceição é apenas a ouvinte dessa confidência, não a pessoa amada).

Suponhamos um contexto: Conceição nota que Marta está muito feliz e lhe pergunta: "Por que você está com essa cara, Marta?", ao que Marta lhe responde: "Por quê? Ora, porque eu amo**,** Conceição!" (isto é, porque estou amando alguém). Neste caso, "Conceição" funciona gramaticalmente como **vocativo**.

CONCLUSÃO → Nunca se separa o **verbo** de seu **objeto** com vírgula; sempre se isola o **vocativo** com vírgula(s), não importa em que posição apareça na frase:

Conceição, você sabe quem eu amo? (inicial)
Você sabe, Conceição, quem eu amo? (intercalada)
Você sabe quem eu amo, Conceição? (final)

Para concluir, pense neste exemplo (cuja autoria desconheço) bastante difundido nas aulas de língua portuguesa:

Vamos comer gente. (gente → **objeto**: será a "coisa" comida)
Vamos comer**,** gente. (gente → **vocativo**)

Dia 5 – Data: ___/___/___

166. EU CONHEÇO ELA OU EU A CONHEÇO?

Os **pronomes retos** (eu, tu, ele...) têm uma **forma oblíqua átona** correspondente (me, te, se...) e outra **tônica** (mim, ti, si...). Em princípio, as formas **retas** atuariam apenas como **sujeito**:

Eu conheço Roberto. *SUJEITO* → EU

Roberta *me* conhece. SUJEITO → ROBERTA (= "ela")

No segundo exemplo, "eu" se "transformou" em "me", na função de **objeto (direto)** do **verbo** "conhecer". Veja agora este último exemplo:

Roberta comprou um presente para *mim.*

Agora, "eu" se "transformou" na **forma tônica** "mim" (obrigatória depois de preposição).

CONCLUSÃO → "Eu *a* conheço" (ou ainda: "Eu conheço-*a*") é a construção a se empregar nas situações formais, pois "ele" (e variações) se transforma em "o" (e variações) na função de **objeto direto**, regra a se observar pelo menos na norma culta, em particular na língua escrita.

Em situações espontâneas, principalmente na fala, é vastamente difundido pelo Brasil o emprego dos **pronomes retos** na função **objetiva**, mas isso, do ponto de vista estritamente normativo, é considerado incorreto; use, portanto, com cautela e de acordo com o contexto.

Dia 6 – Data: ___/___/___

167. EU INTERMEDIO OU EU INTERMEDEIO?

Todos os **verbos** terminados em "-iar" são conjugados como "variar":

eu var*io* → eu prem*io* (e não: ~~premeio~~)

tu var*ias* → tu prem*ias* (e não: ~~premeias~~)

ele var*ia* → ele prem*ia* (e não: ~~premeia~~)... *etc.*

Apenas cinco **verbos** terminados em "-iar" fogem a esse padrão, quais sejam: mediar, ansiar, remediar, intermediar e odiar.

BIZU → As iniciais desses **verbos** formam a palavra MARIO:

M ediar

A nsiar

R emediar

I ntermediar

O diar

Desses, o mais conhecido é o verbo "odiar"; partindo dele, portanto, temos:

eu od*ei*o, tu od*ei*as, ele od*ei*a, nós od*i*amos, vós od*i*ais, eles od*ei*am

eu ans*ei*o, tu ans*ei*as, ele ans*ei*a, nós ans*i*amos, vós ans*i*ais, eles ans*ei*am

eu remed*ei*o, tu remed*ei*as, ele remed*ei*a, nós remed*i*amos, vós remed*i*ais, eles remed*ei*am

eu incend*ei*o, tu incend*ei*as, ele incend*ei*a, nós incend*i*amos, vós incend*i*ais, eles incend*ei*am

Note-se, por fim, que apenas nas **pessoas** "nós" e "vós" não ocorre "ei" (o-d*i*-*a*-mos; o-d*i*-*a*is)

PORTANTO →

Sempre que há conflitos, eu intermed*ei*o as discussões.

Se ele intermed*ei*a as discussões, não há conflitos.

Dia 7 – Data: ___/___/___

168. – EU MESMA FAREI ISSO! – DISSE ELA. (OU: "MESMO"?)

Pronomes de reforço (tais como "mesmo" e "próprio") concordam em **gênero** e **número** com a **pessoa** que substituem:

— Eu mesm*o* cuidarei disso pessoalmente! — disse ele.

— Eu mesm*a* cuidarei disso — disse ela.

Ele própri*o*, em pessoa, esteve aqui.

Ela própri*a*, em pessoa, esteve aqui.

Foram elas mesm*as* que fizeram o relato.

Eles mesm*os* confessaram o crime.

Eles própri*os* se incriminaram no depoimento.

Observação: Convém atentar-se ao **advérbio** "mesmo": "Foi você mesm*o* quem fez isso, Bia?", em que "mesmo" significa "de fato", podendo, inclusive, deslocar-se de posição (o que não é possível com o **pronome**): "Foi mesm*o* você quem fez isso, Bia?"

SEMANA 25

Dia 1 – Data: ___/___/___

169. EU SOO MUITO NO VERÃO. (OU: "SUO"?)

Há que se distinguir "suar" de "soar":

SUAR → transpirar:

Com o forte calor, eu *su*o muito no verão.

CONJUGAÇÃO → **presente do indicativo**: eu suo, tu suas, ele sua... etc.; **presente do subjuntivo**: que eu sue, que tu sues, que ele sue... etc.

BIZU → "S*u*ar" com "u" de "s*u*or".

SOAR → tinir:

— Quando o sino s*o*a assim, indica falecimento de criança. — explicou o guia turístico.

CONJUGAÇÃO → **presente do indicativo**: eu soo, tu soas, ele soa... etc.; **presente do subjuntivo**: que eu soe, que tu soes, que ele soe... etc.

Dia 2 – Data: ___/___/___

170. ÊXITO & HESITAR (HÁ RELAÇÃO ENTRE ESSAS PALAVRAS?)

Essas palavras, às vezes confundidas, na verdade têm sentidos muito diferentes:

ÊXITO (**substantivo**) → sucesso:

Depois de muito estudo, obteve *êxito* no sonhado concurso público.

HESITAR (**verbo**) → titubear, vacilar:

Ele *hesitou*, sem saber que decisão tomar diante do impasse.

BIZU → Lembre-se: quem *hesita*, não alcança êxito!

COGNATAS → êxito → exitoso (bem-sucedido), hesitar → hesitação, hesitante

Dia 3 – Data: ___/___/___

171. EXTRAVASAR OU EXTRAVAZAR?

"Extravasar" não tem relação com "vazar"; significa, entre outras coisas, exteriorizar, transbordar:

Ele extravasou suas emoções reprimidas durante a sessão de terapia.

Com as fortes chuvas de verão, o rio extravasou de suas margens, inundando a cidade.

BIZU → Com "s" de "vaso", pois tem **relação semântica** com essa palavra (sair do recipiente).

COGNATAS → envasamento, envase (envasilhar, de "vasilha")

Por fim, note-se que a grafia "extravazar" simplesmente não existe.

Dia 4 – Data: ___/___/___

172. FALARAM OU FALARÃO? (TERMINAÇÕES "-AM" E "-ÃO")

FALARAM → a terminação "-am" se refere ao passado; é átona:

Ontem eles falar*am* de você na reunião. (fa-<u>la</u>-ram; **paroxítona**)

Pret. perf. do ind.: eu falei, tu falaste, ele falou... eles falaram

FALARÃO → já a terminação "-ão" se refere ao futuro; é **tônica**:

Amanhã falarão sobre o assunto durante o debate. (fa-la-<u>rão</u>; **oxítona**)

Fut. do pres. do ind.: eu falarei, tu falarás, ele falará... eles falarão.

Dia 5 – Data: ___/___/___

173. FALTA DEZ MINUTOS...? (OU "FALTAM"?)

Alguns poucos **verbos** na língua portuguesa são **impessoais** (isto é, não se referem a nenhuma pessoa). Quando dizemos "Choveu", não podemos atribuir a ação verbal ("chover") a uma pessoa (ou **sujeito**), daí temos uma oração sem sujeito. "Quem choveu?" não é uma pergunta cabível.

Em casos assim, o **verbo** fica sempre na **terceira pessoa do singular**, pois não tem um **sujeito** com o qual concordar.

O **verbo** "faltar", porém, não é **impessoal**; pode-se conjugá-lo normalmente: eu falto, tu faltas, ele falta... etc.; cf.: eu chovo, tu choves, ele chove...?

PORTANTO → Falt*am* dez minutos para o início da aula.

No exemplo acima, "faltar" concorda no plural com o **sujeito** ("dez minutos"); cf.: "Dez minutos faltam...".

Dia 6 – Data: ___/___/___

174. FAZ ANOS QUE... (OU: "FAZEM"?)

Quando indica tempo decorrido, "fazer" é um **verbo impessoal** (ou seja, não tem **sujeito**); cf.:

Dona Ana faz deliciosos bolos.

Faz um ano que isso aconteceu.

No primeiro exemplo, perguntamos, antes do **verbo**, "quem faz deliciosos bolos?", cuja resposta é "Dona "Ana", que é, portanto, o **sujeito** da **oração**; já no segundo, não cabe a pergunta "O que (ou *quem*) faz um ano...?", isto é, neste caso, ocorre uma **oração sem sujeito**. Quando a **oração** não apresenta **sujeito**, o **verbo** é **impessoal** e fica sempre no singular:

Faz dois anos que isso aconteceu.

Observações:

1ª) Dito de maneira mais simples, o **verbo** "fazer", quando indica tempo (decorrido ou futuro), fica sempre no singular.

2ª) Pode-se substituir "faz" pelo **verbo** "haver", também **impessoal**: "*Há* anos que vivo aqui"; "Isso aconteceu *há* dois anos" (note-se que, sendo **impessoal**, "haver" fica sempre no singular: "*Havia* anos que não nos víamos" (**pretérito**); "*Haverá* dias de paz no futuro." (e não: "~~*Haviam*~~ anos..."; "~~*Haverão*~~ dias...").

3ª) A **impessoalidade** é "transmitida" ao **verbo auxiliar**: "*Deve* fazer mais ou menos dez anos que trabalho aqui".

Dia 7 – Data: ___/___/___

175. FAZ DEZ GRAUS. (OU: "FAZEM"?)

O **verbo** "fazer" também é **impessoal** quando indica condição meteorológica; cf.:

> *Faz* um grau neste momento.
> *Faz* cinco graus agora. (e não: "~~fazem~~")
> *Faz* dias frios na serra. (e não: "~~fazem~~")

Da mesma forma que vimos anteriormente, ocorrendo **verbo auxiliar**, este também permanecerá no singular:

> *Poderá* fazer até 10 graus negativos esta noite. (e não: ~~poderão~~)
> *Deve* fazer/ estar fazendo mais de quarenta graus agora. (e não: ~~devem~~)

SEMANA 26

Dia 1 – Data: ___/___/___

176. FEIURA OU FEIÚRA? (COM OU SEM ACENTO?)

Quando as **vogais** "i" e "u" formam **hiato**, são acentuadas se formam **sílaba** sozinhas ou com a **consoante** "s" (entre outras condições), em palavras tais como "açaí" (a-ça-í), "Paranavaí" (Pa-ra-na-va-í), "país" (pa-ís), "países" (pa-í-ses), "baú" (ba-ú), "alaúde" (a-la-ú-de), "ataúde" (a-ta-ú-de), "balaústre" (ba-la-ús-tre), etc.

Na palavra "feiura", o "u" forma **sílaba** sozinho (fei-u-ra), portanto deveria ser acentuado; porém, com o Novo Acordo, não se acentuam mais tais **hiatos** quando precedidos de **ditongo decrescente** (na primeira sílaba, há o **ditongo** "ei").

Observação: Em caso de **ditongo crescente**, o acento permanece: guaíba (*gua*-í-ba).

Dia 2 – Data: ___/___/___

177. FIDAGAL OU FIGADAL?

Essas palavrinhas costumam causar certa confusão, mas vamos lá: a forma rigorosamente correta é "figadal":

Eram famílias que nutriam uma pela outra um ódio fi*ga*dal.

Guarda relação com "fígado", em sentido figurado, significando "profundo", "visceral", "intenso", etc.

Acreditava-se, antigamente (muito antigamente!), que nosso humor pudesse estar associado ao fígado, por isso se dizia que uma pessoa tinha cara de "maus bofes", isto é, de que estava mal-humorada, sendo "bofe" uma palavra coloquial para se referir ao fígado, suposta glândula do humor.

Usa-se, porém, com o mesmo sentido, "fidagal" (trata-se de uma **metátese**, isto é, uma troca das sílabas, semelhante ao que acontece em "io*r*gute" — i-o*r*-gute, em vez da forma correta "iogu*r*te" (i-o-gu*r*-te) (o "r" fica na sílaba "gur").

Nem todas as metáteses se fixam na língua. Pensando de forma lógica, dever-se--ia preferir "figadal" a "fidagal", uma vez que a associação com a palavra "fígado" explica plenamente o sentido que se deseja transmitir.

Dia 3 – Data: ___/___/___

178. FLAGRANTE OU FRAGRANTE?

A confusão é fácil de se desfazer:

FLAGRANTE → é **palavra derivada** de "flagra":

> O funcionário foi pego em *fl*agrante, roubando dinheiro do caixa.

Também se usa essa palavra no sentido de "evidente":

> Havia uma *fla*grante diferença na maneira como éramos tratados em relação aos outros.

FRAGRANTE → significa "aromático" (associe a "fragrância"):

> Um agradável odor *fr*agrante exalava das flores, perfumando o ambiente.

Dia 4 – Data: ___/___/___

179. FLORZINHAS OU FLOREZINHAS?

Para formar o **diminutivo plural**, corta-se o "s" do plural e acrescenta-se o **sufixo** "-zinho" (ou "-zito", mais raro); o "s" é assimilado pelo "z":

flor → flore(s) → florezinhas

Esse é o plural rigorosamente de acordo com a norma culta; as variantes "florzinhas" e "florinhas", embora pertençam à fala espontânea, encontram abono em bons autores; são, no entanto, tão mais comuns que o plural recomendado pela gramática normativa parece estranho.

Outros exemplos:

animal → animai(s) → animaizinhos
balão → balõe(s) → balõezinhos
cão → cãe(s) → cãezitos
chapéu → chapéu(s) → chapeuzinhos
colher → colhere(s) → colherezinhas
mulher → mulhere(s) → mulherezinhas
pé → pé(s) → pezitos... *etc.*

Dia 5 – Data: ___/___/___

180. FLUIDO (FLUI-DO) OU FLUÍDO (FLU-Í-DO)?

FLUIDO → (**substantivo**) líquido (termo da Física):

Preciso trocar o *fluido* deste isqueiro. (flu-í-do; três **sílabas**)

FLUIDO (**adjetivo**) → que ocorre com facilidade:

Sua escrita de estilo *fluido* era inconfundível. (flui-do; duas **sílabas**)

FLUÍDO (**verbo**) → **particípio** de "fluir" (isto é, transcorrer, acontecer):

As coisas não haviam *fluído* da forma que havíamos planejado. (flu-í-do)

Dia 6 – Data: ___/___/___

181. FOI REPROVADO POR CAUSA QUE... ("POR CAUSA QUE"?)

"Por causa que" (ou ainda "por causa *de* que") são construções da língua falada espontânea; na norma culta diga-se ou escreva-se, simplesmente, "porque", "pois", "visto que", etc.:

Foi reprovado *porque* não estudou.

Não foi aprovado, *visto que* não estudou.

A **locução** "por causa *de*" é seguida normalmente de **substantivo** ou termo que o equivalha:

Ele foi reprovado ***por causa de*** sua falta de assiduidade.

Ele foi reprovado ***porque/ visto que*** não era assíduo.

Dia 7 – Data: ___/___/___

182. FRAUDE IMPLICA ELIMINAÇÃO DO CANDIDATO (OU: "IMPLICA EM/ NA"?)

O **verbo** "implicar", no sentido de "significar", "acarretar", "resultar em", etc. se constrói, na norma culta, sem **preposição**:

Cola é fraude, e fraude *implica* eliminação do candidato. (e não: implica ~~em~~)

O uso da **preposição** "em", amplamente arraigado, deve-se, provavelmente, à influência da expressão sinônima "resultar em", de onde a **preposição** "em" é "emprestada", numa espécie de "cruzamento sintático". É bem provável que, com o passar do tempo, passe a ser a regência predominante, mas, por enquanto, a construção rigorosamente gramatical não acompanha **preposição**.

Um último exemplo:

A assinatura do contrato *implica* a aceitação de todas as suas cláusulas.

SEMANA 27

Dia 1 – Data: ___/___/___

183. FUZIL OU FUSÍVEL?

São coisas bem diferentes:

FUZIL → é um tipo de arma de fogo:

Podiam-se ouvir tiros de *fuzil* durante toda a noite na favela.

FUSÍVEL (termo relativo à eletricidade) → trata-se de um dispositivo que protege um sistema elétrico contra explosão, curto-circuito, etc.:

Graças ao *fusível*, que interrompe a sobrecarga elétrica, o aparelho não foi danificado.

BIZU → Notem-se as grafias, com "z" e com "s"; em caso de dúvida, o que é pouco provável, "fusível" leva o mesmo "s" de "fusão", palavra com a qual guarda relação de sentido.

Dia 2 – Data: ___/___/___

184. GRÁTIS OU DE GRÁTIS?

Tem ocorrido na boca do povo, não sabemos se jocosamente, a expressão "de grátis" (curiosamente, tal expressão existe em espanhol); em bom português, diz-se simplesmente "grátis" ou "de graça"

Não há taxa de inscrição. É *grátis*/ *de graça*.

Dia 3 – Data: ___/___/___

185. GRATUITO (TUI) OU GRATUÍTO (TU-Í)?

Há um generalizado modismo de se ver nesta palavra um **hiato** (u-í), mas, rigorosamente, ela possui apenas três **sílabas** (logo, "ui" é **ditongo**: gra-t*ui*-to) (e não: ~~gra-tu-í-to~~)

O mesmo se pode dizer em relação à palavra "fortuito", que, sendo menos usual, é raro vê-la sendo pronunciada incorretamente: for-tui-to (t*ui*) (e não: for-tu-í--to) (~~*tu-í*~~).

Observação: Atente-se em que não há acento em ambas.

Dia 4 – Data: ___/___/___

186. GRIPAR OU GRIPAR-SE?

"Gripar-se" pode ser conjugado como **verbo pronominal** (isto é, acompanhado dos **pronomes oblíquos átonos** "me", "te", "se," "nos" e "vos"):

> Eu *me gripo* facilmente.
> Por que (tu) *te gripas* tão constantemente?
> Eles *se gripam* sempre que ficam estressados.

Ou, mais comumente, recorre-se a uma construção perifrástica, de feitio menos formal (considerando-se que verbos essencialmente reflexivos na nossa língua são raros, então a tendência é evitar a conjugação com os referidos **pronomes oblíquos** sempre que possível):

Eu *fico gripado...*

Por que *ficas gripado...*?

Eles *ficam gripados...*

Dia 5 – Data: ___/___/___

187. HAVIA MUITAS PESSOAS... (OU: "HAVIAM"?)

No sentido de "existir", "haver" é **verbo impessoal** (isto é, não possui **sujeito**), por isso fica sempre na terceira pessoa do singular:

Havia muitas pessoas na manifestação. (isto é, existiam)

Note-se que, ocorrendo junto com **verbo auxiliar**, este também permanece no singular:

Devia haver milhares de pessoas na manifestação. (e não: ~~deviam~~).

Observação: Note-se que, com outros sentidos (por exemplo, "ter"), "haver" concorda normalmente com o **sujeito**: "Ele *havia* (tinha) estudado muito"; "Elas *haviam* (tinham) cometido um engano".

Dia 6 – Data: ___/___/___

188. HOJE É DEZ DE JUNHO (OU: "SÃO"?)

Tradicionalmente, a construção dominante, a partir de 2, é no plural:

Hoje *é* primeiro de junho.

Hoje *são* dez de junho.

Quando ocorre a palavra "dia", naturalmente, só o singular se justifica:

Hoje *é* dia dez de junho.

Note-se, por fim, que a construção seguinte, embora condenada (talvez um típico caso de **hipercorreção**) também é abonada pela gramática normativa, obviamente pela ideia implícita (a palavra "dia"):

Hoje *é* dez de junho.

Dia 7 – Data: ___/___/___

189. HOJE SOMOS NÓS QUEM PAGA. (OU: "PAGAMOS"?)

Com o **pronome relativo** "quem", a concordância no singular é predominante:

Hoje somos nós quem *paga*. (isto é, "Quem *paga* hoje somos nós")

Porém não é inadmissível a construção no plural (**concordância atrativa**):

Hoje somos nós quem *pagamos*. (raro)

<u>Observação:</u> Já com o **pronome relativo** "que", a concordância se faz sempre com o **antecedente**: "Hoje sou eu que *pago*"; "Hoje somos nós que *pagamos*".

SEMANA 28

Dia 1 – Data: ___/___/___

190. HUMIDADE OU UMIDADE?

Sem "h":

Devido à *umidade*, as paredes estavam cheias de mofo.

Note-se, porém, a grafia de "umedecer" ("e" na sílaba "me": u-m*e*-de-cer).

BIZU → O erro de se grafar "humidade" se deve à provável influência de "humildade", naturalmente palavras muito distintas quanto ao sentido.

Dia 2 – Data: ___/___/___

191. ÍBERO OU IBERO (COM OU SEM ACENTO?)

Trata-se de palavra **paroxítona**, portanto a sílaba tônica é "-be" (i-<u>be</u>-ro).

A pronúncia como proparoxítona se deve, provavelmente, à influência da palavra "ibérico", relativa à Espanha; independentemente dessa relação, são palavras distintas.

<u>Observação:</u> "Ibérico" é sempre **proparoxítona**.

Dia 3 – Data: ___/___/___

192. IDEIA OU IDÉIA?

Os **ditongos abertos** "éi" e "ói" perderam acento, com o Novo Acordo Ortográfico, apenas nas palavras **paroxítonas**:

assembleia (as-sem-bl*ei*-a)
colmeia (col-m*ei*-a)
heroico (he-r*oi*-co) (mas: "herói", **oxítona**)
ideia (i-d*ei*-a)
paranoia (pa-ra-n*oi*-a)... *etc.*

Observação: O **ditongo aberto** "éu", que costumava ser agrupado nas mesmas regras nas gramáticas e livros didáticos, continua sendo acentuado, em todos os casos.

Dia 4 – Data: ___/___/___

193. ÍMÃ OU IMÃ?

Ambas as formas existem, mas com significados diferentes:

ÍMÃ → magneto (**paroxítona**: í-mã)

Sua geladeira era decorada com muitos *ímãs*, brindes baratos distribuídos pelo comércio.

IMÃ → sacerdote muçulmano (**oxítona**: i-mã)

O *imã* conduzia seu rebanho de fiéis com mão de ferro.

Observações:

1ª) No sentido de magnete, também se admite a grafia "imã" (sem acento no "i"), embora seja raro.

2ª) Não se acentuam **paroxítonas** terminadas em "a(s)", mas as terminadas em "ã(s)", sim.

Dia 5 – Data: ___/___/___

194. INCIPIENTE OU INSIPIENTE?

INCIPIENTE → que está no início:

> Como os sintomas ainda são *incipientes*, não é possível determinar com precisão a doença.

INSIPIENTE → que não tem sabedoria (sentido figurado):

> Candinha era casada com um tolo, um *insipiente*, um bobalhão completo.

BIZU → Em caso de dúvida, faça as seguintes associações: incipiente → com "c" de "iní*c*io", insipiente → com "s" de "*s*aber".

Observação: Apenas a título de curiosidade, a palavra "saber" guarda relação etimológica com "sabor".

Dia 6 – Data: ___/___/___

195. INFARTE OU ENFARTO?

"Infarte" e "enfarto" são formas populares, porém também são consideradas corretas; a forma rigorosamente correta, empregada na terminologia médica, é "infarto", como no inglês ("infarction"):

Infartos do miocárdio causam muitas mortes no Brasil anualmente.

Dia 7 – Data: ___/___/___

196. INFELISMENTE OU INFELIZMENTE?

Erro muito comum (feli*s*mente), pode-se, fe-li<u>z</u>-men-te, atribuí-lo a mera falta de atenção, a pronúncia descuidada, pois, naturalmente, conserva o "z" de "feliz":

Infelizmente, escrevi errado na prova.

Curiosamente, o mesmo erro não se vê com frequência em "felizmente"; ou seja, a lógica é a mesma: basta atenção.

SEMANA 29

Dia 1 – Data: ___/___/___

197. INFLIGIR OU INFRINGIR?

Apesar do potencial para certa confusão, é fácil distinguir essas duas palavras:

INFLIGIR → aplicar, impor pena:

Serão *infligidas* penas severas aos delinquentes.

INFRINGIR → desrespeitar, transgredir, violar:

Quem *infringir* a lei está sujeito a suas penalidades.

Observação: Atente-se em que não existe "n" na segunda sílaba da primeira palavra acima (in-fli-gir), enquanto ocorre na segunda (in-fri*n*-gir).

BIZU → Para fixar a grafia de "inf*l*igir", associe o "l" ao mesmo "l" de "ap*l*icar" (sinônimo); já no caso de "infringir", associe o "r" ao mesmo que ocorre em "inf*r*ação" (por exemplo, cometer inf*r*ação penal).

Dia 2 – Data: ___/___/___

198. INFORMAR ALGO AOS ALUNOS (OU: INFORMAR... DE ALGO?)

O verbo "informar" (e seu antônimo "desinformar") admite duas regências:

* "algo" como **objeto direto** seguido de "pessoa" como **objeto indireto**:

O professor *informou* (o resultado) ^{OD} (aos alunos). ^{OI}

Note-se a substituição dos **objetos** por **pronomes oblíquos átonos**:

O professor *informou*-o aos alunos.

O professor *informou*-lhes o resultado.

* "pessoa" como **objeto direto**, seguido de "algo" como **objeto indireto**:

O professor *informou* (os alunos) OD (do/ sobre o resultado.) OI

Atente para a substituição do **objeto direto** (representando pessoa) por **pronome oblíquo átono**:

O professor *informou*-os do/ sobre o resultado. (mas não "lhes", nesta construção)

Dia 3 – Data: ___/___/___

199. INTENÇÃO OU INTENSÃO?

INTENÇÃO → propósito (popularmente, "tenção"):

— Quais são suas verdadeiras *intenções* para com minha filha? — perguntou o pai da noiva, afetando rabugice.

INTENSÃO → força, veemência (pouco usual):

Foi com grande *intensão* que o noivo declarou seu amor à namorada. (melhor: intensidade)

A *intensão* da temperatura deve ser medida por aparelhos precisos. (intensidade)

Observações:

1ª) Evite usar "pretensão" em vez de "intenção", pois a primeira, por dar origem à palavra de carga semântica negativa "pretensioso", pode adquirir, ela também, certo tom pejorativo: "Que *pretensioso*! Aquele plebeu teve a *pretensão* de pedir a mão da fidalga em casamento".

2ª) "Intensão" é pouco usual porque sua sinônima ("intensidade") já a obliterou por completo, ao menos nos contextos mais comuns.

BIZU → Na segunda acepção, "inten*s*ão" com o mesmo "s" de "inten*s*idade".

Dia 4 – Data: ___/___/___

200. INTERIM OU ÍNTERIM?

Desnecessário dizer que "interim", pronúncia coloquial de "inteirinho" (isto é, "por inteiro"), não tem relação de sentido com "ínterim" (sempre **proparoxítona**: ín-te-rim):

Neste *ínterim*, muitas coisas aconteceram. (isto é, neste espaço de tempo)

Observação: Expressões sinônimas mais "sofisticadas": "*Entrementes/Nesse entrementes*, muitas coisas aconteceram".

Dia 5 – Data: ___/___/___

201. INTERSEÇÃO OU INTERCESSÃO?

INTERCEÇÃO → ponto onde duas retas se encontram:

Nunca ocorre *interseção* entre duas linhas paralelas.

Marque com "x" os pontos de *interseção* entre as retas.

INTERCESSÃO → provém de "interceder" (isto é, intervir em favor de):

Nas suas orações, sempre pedia pela *intercessão* da Virgem Maria.

Observação: Na primeira acepção acima, também se grafa, embora menos usualmente, "intersecção" (*BIZU* → com "c" de "*c*ortar").

Dia 6 – Data: ___/___/___

202. INTERVIDO (-VI) OU INTERVINDO (-VIN)?

Todos os **verbos** apresentam três **formas nominais**, quais sejam: **infinitivo** (amar), **gerúndio** (amando) e **particípio** (amado); às vezes, porém, em certos verbos, o gerúndio acumula o papel de particípio; compare:

Estou *vindo* para a escola de ônibus. (**gerúndio**)

Ontem ele tinha *vindo* a pé. (**particípio passado**)

Como "intervir" é verbo derivado de "vir", a única forma possível é "intervindo":

Embora ele tivesse *intervindo* na questão, não conseguiu solucionar o impasse.

Desnecessário dizer, mas vamos fazê-lo, por ênfase, que "intervido" (-vi), embora pareça que soe "normal", não existe.

Dia 7 – Data: ___/___/___

203. IR A SÃO PAULO... (OU: "PARA"?)

IR A → ir a algum lugar temporariamente e retornar:

Irei *a* São Paulo para a Bienal do Livro. Segunda-feira estou de volta.

IR PARA → fixar-se em algum lugar definitivamente:

Vou-me embora *para* São Paulo. Nunca mais ponho os pés aqui.

Observações:

1ª) Na prática, essa distinção está desaparecendo na língua vernácula, uma vez que "ir para" serve a ambos os sentidos. Naturalmente, pode-se optar pela forma tradicional, sem prejuízo de entendimento.

2ª) Não custa lembrar: a forma coloquial "pra" é uma **monossílaba átona**; portanto, sem acento: "Vou-me embora *pra* São Paulo".

SEMANA 30

Dia 1 – Data: ___/___/___

204. ITEM OU ÍTEM?

Acentuam-se as **oxítonas** com as terminações "a", "e", "o", seguidas ou não de "s", "em" e "ens"; **paroxítonas** com essas mesmas terminações, por oposição, não devem ser acentuadas.

Assim, se acentuamos "tamb*ém*" ou "parab*éns*" (**oxítonas**), não acentuamos "item" nem "itens" (**paroxítonas**)

Observações:

1ª) As oxítonas terminadas em "i" e "u" só devem ser acentuadas quando essas terminações formam hiato: "açaí(s)", "baú", "Anhagabaú", etc. (a-ça-í, ba-ú, A-nha-ga-ba-ú); as **paroxítonas** com essas mesmas terminações são sempre acentuadas: "íris", "biquíni(s)", "vírus", "húmus", etc. (í-r*is*, bi-quí-n*i*, ví-r*us*, hú-m*us*).
2ª) As seguintes **oxítonas** e **paroxítonas** são comumente acentuadas de maneira incorreta: caju, urubu, aqui (**oxítonas**); item, itens, hifens, ritmo, etc.; atente-se, pois, ao princípio de exclusão mútua entre as referidas terminações.

BIZU → Como você pode ter percebido, a regra funciona de forma mutuamente excludente: se determinada terminação recebe acento nas **oxítonas**, não o recebe nas **paroxítonas**, e vice-versa.

Dia 2 – Data: ___/___/___

205. ISAR OU IZAR? (TERMINAÇÃO)

Palavras que já contêm "s" recebem a terminação "i*s*ar" (o "s" é mantido da **palavra primitiva**):

análi*s*e → anali*s*ar

improvi*s*o → improvi*s*ar

parali*s*ia → parali*s*ar (e também "parali*s*ação")

pesqui*s*a → pesqui*s*ar... *etc.*

Assim também, as que já contêm "z" o mantêm: rai*z* → enrai*z*ar, verni*z* → envерni*z*ar, etc.

Quando a palavra primitiva não possui *s* nem *z*, empregar-se-á sempre a terminação "-i*z*ar" (com "*z*"):

escravo → escravi*z*ar

europeu → europei*z*ar

hospital → hospitali*z*ar

rival → rivali*z*ar

suave → suavi*z*ar... *etc.*

Observação: Atente para a grafia das palavras seguintes, que fogem à regra: cateque*s*e → catequi*z*ar; bati*s*mo → bati*z*ar.

Dia 3 – Data: ___/___/___

206. JÁ LHE O DEVOLVI OU JÁ LHO DEVOLVI?

Suponha o seguinte diálogo:

Ana: João, você já me devolveu o livro?

João: Sim, Ana, já devolvi.

Na fala de João, poderíamos mencionar os **objetos** (**indireto**: "a você" = lhe; **direto** "o", referente a livro), assim:

Sim, Ana, já *lhe o* devolvi.

Na língua portuguesa atual, tal recurso é extremamente raro, sendo mais comum a omissão de ambos os **objetos** (como no exemplo inicial); é, inclusive, desabonado por alguns gramáticos, mas encontra abono, por exemplo, no renomado Evanildo Bechara.

Pode-se, ainda mais raramente, combiná-los simultaneamente:

Sim, Ana, já *lho* devolvi.

Note-se que tais construções ficam restritas, naturalmente, a contextos formais, principalmente o escrito, e são mais comuns no português lusitano.

Dia 4 – Data: ___/___/___

207. JABOTICABA OU JABUTICABA?

Sempre com "u":

O licor de jab*u*ticaba é delicioso.

O erro, provavelmente, se dá devido à diferença entre a língua escrita e a fala espontânea. Atente-se, também, às palavras seguintes:

b*u*eiro (e não: ~~boeiro~~)

ch*u*visco (e não: ~~chovisco~~) (naturalmente, com "u" de "ch*u*va")

c*o*rtiça (e não: ~~curtiça~~)

c*o*rtiço (e não: ~~curtiço~~)

c*u*rtume (e não: ~~cortume~~) (com "u" de "curtir", por exemplo, couro c*u*rtido)

jab*u*ti (o animal) (e não: ~~jaboti~~)

t*o*ssir (e não: ~~tussir~~) (naturalmente, com o mesmo "o" de "t*o*sse")

*u*rticária (e não: ~~orticária~~) (com "u" de "*u*rtiga")... *etc.*

Dia 5 – Data: ___/___/___

208. JUIZ OU JUÍZ?

Quando as vogais "i" ou "u" se apresentam em **hiato**, só são acentuadas quando formam sílaba sozinhas ou com a **consoante** "s":

juiz (ju-i*z*) (mas: ju-í-zes)

país (pa-í*s*)

países (pa-í-ses)

raiz (ra-*iz*)

raízes (ra-í-zes)

ruim (ru-i*m*)

ruína (ru-í-na)

ruindo (ru-i*n*-do)

sairdes (sa-i*r*-des)

saíssem (sa-í*s*-sem)

saíste (sa-í*s*-te)... *etc.*

Observações:

1ª) Antes de "nh" também nunca ocorre acento, mesmo que a vogal forme **hiato** sozinha: rainha (ra-i-*nh*a), tainha (ta-i-*nh*a), campainha (cam-pa-i-*nh*a), etc.

2ª) O mesmo depois de **ditongo decrescente** (Novo Acordo): bocaiuva (bo-*cai*-u-va) (espécie de palmeira), boiuno (b*oi*-u-no) (o mesmo que "bovino"), feiura (f*ei*-u-ra), reiuno (r*ei*-u-no) (de qualidade inferior), etc.

Dia 6 – Data: ___/___/___

209. LAVAR A MÃO (OU: "À MÃO"?)

Significam coisas diferentes:

A caneta estourou. Vou ao banheiro lavar *a* mão.

Com acento de crase, ocorre ideia de meio ou de instrumento:

Peças delicadas não devem ser lavadas na máquina, mas *à* mão.

Observação: Apesar da generalizada noção de que não há acento de crase nas **locuções adverbiais** de instrumento, na verdade essa não é uma regra categórica: trata-se de uma recomendação; note-se que, geralmente, as gramáticas assim enunciam: "Geralmente não se usa o acento...". "Geralmente" não significa proibição, e encontra-se cada vez mais difundido o uso do acento em todos os tipos de **locuções adverbiais** formadas por palavra feminina, exceto quando repetidas, como em "frente a frente" ou "cara a cara", por exemplo.

Dia 7 – Data: ___/___/___

210. LEVARAM-NOS PARA A PRISÃO. ("NOS" = "NÓS" OU "ELES"?)

O **pronome oblíquo átono** "o" (e variações) recebe um "n" eufônico depois de **verbos** que terminam com som nasal (geralmente a consoante "m"); assim:

> abraçara*m* + a(s) = abraçaram-*n*a(s)
> levara*m* + o(s) = levaram-*n*o(s)

No plural, "nos" pode referir-se tanto a "nós" quanto a "eles"; o contexto é que deixará clara a referência:

(diálogo 1)
A: Onde estão os pacientes?
B: Levaram-*nos* para a UTI. (e não: ~~levaram-*os*~~) ("os" → "eles", os pacientes)

(diálogo 2)
A: O que aconteceu com vocês?
B: Trouxeram-*nos* para a UTI porque nosso quadro se agravou. ("nos" → "nós")

SEMANA 31

Dia 1 – Data: ___/___/___

211. LIDAR COM UM PROBLEMA (OU: "LHE DAR"?)

É erro espúrio confundir "lidar" (= trabalhar) com "lhe dar" ("lhe" = "a você"). Compare:

> Você precisa *lidar* com seus problemas em vez de ignorá-los.
> Paulo, preciso *lhe dar* uma notícia. ("lhe" = "a você", Paulo)

Observação: Pode-se, ainda, reescrever: "Paulo, preciso dar-lhe...".

BIZU → "Lidar" guarda relação de sentido com o substantivo "lida" ("andar na lida", isto é, no trabalho, na labuta).

Dia 2 – Data: ___/___/___

212. MADEICHA OU MADEIXA?

Em geral, depois de **ditongo**, emprega-se "x", com raras exceções:

> am*ei*xa
> c*ai*xa
> d*ei*xa
> f*ai*xa
> gu*ei*xa
> mad*ei*xa
> qu*ei*xo... *etc.*

EXCEÇÕES → "caucho" (tipo de borracha) e "recauchutar" (por exemplo, pneu recauchutado).

Dia 3 – Data: ___/___/___

213. MAIS DE UM ALUNO FALTOU À PROVA. (OU: "FALTARAM"?)

"Mais de um" significa, necessariamente, dois ou mais, portanto há nítida ideia de plural; apesar disso, a norma gramatical não segue essa lógica: o **verbo** concorda sempre no singular, com a palavra "um":

— Mais de um aluno *faltou* à prova — disse a professora.

Observação: Havendo, porém, ideia de reciprocidade, emprega-se o plural: "Mais de um aluno se *agrediram* (uns aos outros) durante o debate".

Dia 4 – Data: ___/___/___

214. MAISENA OU MAIZENA?

Depois de **ditongo**, normalmente se emprega "s", não "z":

Mingau de mai*s*ena é muito bom.

Observação: O nome da marca comercial é com "z", mas isso não é parâmetro para correção na língua portuguesa. Nossas fontes de abonação deverão ser sempre as gramáticas e/ ou dicionários.

Outros exemplos: cau*s*a, coi*s*a, Cleu*s*a, deu*s*a, pou*s*o, pou*s*ada, repou*s*o, etc.

Dia 5 – Data: ___/___/___

215. MAL OU MAU?

MAL (**advérbio**) → antônimo de "bem":

Você fala inglês bem, mas escreve ma*l*.

MAU (**adjetivo**) → antônimo de "bom"; sinônimo de "ruim":

Não seja *mau* (para) com o próximo.

Seu inglês até que não é *mau*, mas pode-se aperfeiçoar.

Observações:

1ª) Apesar da relação de sentido com "mau", atente para a grafia de "maldade" (com "l"); note-se, ainda, que o **substantivo**, assim como o **advérbio**, grafa-se sempre com "l": "O ma*l* não vence (a)o bem".

2ª) Não diga "Ela é muito mau"; no feminino, o correto é "má". Além disso, note-se o plural, com acento: "Elas são muito *más*, mas hão de se arrepender disso".

Dia 6 – Data: ___/___/___

216. MAL EDUCADO, MALEDUCADO OU MAL-EDUCADO?

Às vezes, o **advérbio** "mal" funciona como **prefixo**, casos nos quais o hífen será empregado somente se o segundo elemento começa com **vogal** ou com as **consoantes** "h" ou "l":

mal-acabado

mal-amado

mal-educado

mal-humorado

mal-intencionado
mal-limpo... *etc.*

Atente, porém, à grafia das palavras seguintes (sem hífen): *mal*dizer, *mal*fazejo, *mal*mequer, *mal*quisto (isto é, a quem não se quer bem, por ser antipático), *mal*-sucedido (malogrado).

Dia 7 – Data: ___/___/___

217. MAL-ESTAR OU MAU-ESTAR?

Com "l", pois "mal", aqui, opõe-se a "bem" (bem-estar):

Ele sentiu um leve ma*l*-estar durante o almoço.
A notícia causou um certo ma*l*-estar entre os colegas.

Observação: Possui plural → mal-estares.

SEMANA 32

Dia 1 – Data: ___/___/___

218. MANDADO OU MANDATO?

MANDADO → ordem judicial:

O juiz expediu um *mandado* de busca para que revistassem a casa do réu. Os concurseiros, suspeitando de fraude, entraram com um *mandado* de segurança solicitando anulação do certame.

MANDATO → exercício de cargo político (ou similar) durante certo período de tempo:

O *mandato* do prefeito é de quatro anos.

BIZU → "Manda*d*o", com "d" de or*d*em; "manda*t*o", com "t" de "manda*t*ário".

Dia 2 – Data: ___/___/___

219. MANTEIGUEIRA OU MANTEGUEIRA?

A sílaba "-ei" é, às vezes, confundida com "e" ("ê"), principalmente se, antes, há outra sílaba "-ei". Um caso conhecido, que já vimos, é o de "cabeleireiro" (de "cabeleira" + sufixo "-eiro"). As duas sílabas "-ei" induzem a dúvida (ca-be-l*ei*-r*ei*-ro).

Para grafar corretamente a palavra da data de hoje, é fácil: basta associar "manteiga" + "eiro(a)":

A *manteigueira* é um recipiente onde se mantém a manteiga.

Dia 3 – Data: ___/___/___

220. MAS, MÁS OU MAIS?

MAS → "porém" (**conjunção adversativa**):

Estudou muito, *mas* não fez boa prova. (= porém, no entanto, entretanto, etc.)

MAIS → antônimo de "menos" (**advérbio de intensidade**):

Como fui mal na competição, preciso treinar *mais*.
Você precisa estudar *mais*, se deseja passar de ano.

MÁS → feminino de "maus" (**adjetivo**):

Ainda existem pessoas muito *más* no mundo.
São pessoas *más*, mas ainda hão de se converter.

Observação: Nunca use "mais" com sentido de "porém", "no entanto", "entretanto", etc. (Apesar de haver "torcida" a favor, com bem dizia Sacconi, você pode escolher em que lado da "guerra" quer se alistar.)

Dia 4 – Data: ___/___/___

221. ME DIGA UMA COISA... (OU: "DIGA-ME."?)

A rigor, não se deve iniciar frase com **pronome oblíquo átono** (me, te, se, o, a, lhe, nos, vos):

Diga-*me* uma coisa, você está sabendo a verdade?
Peço-*te* que me ouças. (e não: ~~Te peço que~~...)
Convidei-*o* para a festa. (e não: ~~O convidei~~ para...)
Devolvi-*lhe(s)* o que devia. (e não: ~~Lhe(s) devolvi~~...)

Amai-*vos* uns aos outros! (e não: ~~Vos amai~~...)

Entretanto, note-se que, na fala espontânea, tal regra praticamente não se aplica ao português brasileiro, ficando restrita, quando muito, à língua escrita formal. Apenas a título de curiosidade, em Portugal são comuns, mesmo na fala espontânea, construções com o **pronome** posposto ao **verbo** (ênclise):

Diga-*me* uma coisa, Joaquim.

Dê-*me* licença, por favor.

Dia 5 – Data: ___/___/___

222. MEIO CANSADA OU MEIA CANSADA?

A palavra "meio" pode ocorrer como **advérbio** ou como **numeral** (indicando fração); no primeiro caso, sempre invariável:

Ela estava *meio* cansada. (e não: ~~meia cansada~~)

Eles estavam *meio* desanimados. (e não: ~~meios~~)

BIZU → Assim como ninguém diz "um pouca" (~~um pouca cansada~~), não se dirá/escreverá "meia cansada".

Como **numeral**, varia normalmente:

Ela tomou apenas *meia* taça de vinho, mas já está se sentido meio "alta".

(na segunda ocorrência, "meio" é **advérbio**)

Dia 6 – Data: ___/___/___

223. MEIO-DIA E MEIO OU MEIO-DIA E MEIA?

É erro generalizado dizer "meio-dia e meio" ("Meio" o quê? O que está implícito?)

A palavra "dia"? Não faz sentido, confere?

(diálogo)

Que horas são, por favor?

É meio-dia e *meia*.

Diz-se "meia" porque o que está subentendido é a palavra "hora" (isto é, doze horas e trinta minutos).

Reza-se, por certa cartilha, que, se o povo consagrou o uso "meio-dia e meio" pela repetição (água mole em pedra dura...), tal concordância deveria ser aceita. Só por um critério numérico (a ditadura da "opinião" generalizada), dever-se-ia sacrificar a lógica, o sentido, a razão? Penso cá que não!

Observações:

1ª) Atente ainda para a **concordância verbal**: "É meio-dia e meia" (e não: ~~São meio-dia e meia~~). Em gramática, **verbo** no plural apenas a partir de dois ou mais: "São duas (horas) e meia".

2ª) Na indicação de horas, evite-se esta construção esdrúxula, embora rigorosamente lógica: "O jornal começa aos quinze para o meio-dia" (isto é, "aos quinze minutos para...") (prefira-se, por mais clareza e concisão: "... começa às onze e quarenta e cinco").

Dia 7 – Data: ___/___/___

224. MELANCIA OU MELÂNCIA?

Inúmeras palavras com a terminação "ancia" são acentuadas:

ambulância (am-bu-lân-cia)
distância (dis-tân-cia)
estância (est-tân-cia)
ganância (ga-nân-cia)... *etc.*

Porém, note-se que, nessas palavras, a **vogal tônica** (isto é, a mais "forte") é "-â(n)", daí o acento.

Por inércia mental e falsa associação com a terminação "ância", muitos acentuam a palavra "melância"; mas, aqui, a **sílaba tônica** é "ci" (me-lan-ci-a), daí portanto ser totalmente descabido o acento.

Cf.:

a distância – dis-tân-cia
ele se distancia – dis-tan-ci-a

ATENÇÃO! → Também não se deve acentuar a sílaba "ci" em palavras semelhantes (~~silencía~~; corrija-se para: silencia).

SEMANA 33

Dia 1 – Data: ___/___/___

225. MENDIGO OU MENDINGO?

Às vezes, por influência de **fonema nasal** em uma sílaba, o falante nasaliza a sílaba seguinte, inadvertidamente; o "n" na segunda sílaba (men-di*n*-go) está incorreto:

> O *mendigo* esmolava nas escadarias da igreja. (men-*di*-go; "-di", não: "-din")

COGNATA → mendicância (também sem "n" na segunda sílaba: men-*di*-cân-cia).

Dia 2 – Data: ___/___/___

226. MENAS OU MENOS?

Comecemos por dizer, categoricamente e sem pruridos, que a palavra "menas" simplesmente não existe:

> Havia *menos* alunas/ alunos do que havíamos imaginado.

A **concordância** coloquial, no feminino, deve-se a descuido, o mesmo que leva à flexão, errônea, do **advérbio** "meio", como já vimos; em tempo: "menos" também é **advérbio** (**de intensidade**), portanto invariável.

Dia 3 – Data: ___/___/___

227. MERETÍSSIMO OU MERITÍSSIMO?

— Meu cliente é inocente, *Meritíssimo*! — protestou o advogado, com veemência.

BIZU → Com o mesmo "i" da **sílaba** "-ri", em "mér*i*to".

Ao nos referirmos a um juiz por "meritíssimo", quer-se dizer que ele é digno, isto é, tem o mér*i*to do nosso mais elevado respeito.

Dia 4 – Data: ___/___/___

228. METEREOLOGIA (ME-TE-RE-O-LO-GI-A?)

Em caso de dúvida, lembre-se de que o radical grego "logia" significa "estudo"; descomponha então a palavra: meteoro + logia.

"Metereologia" é apenas um lapso espúrio de pronúncia, indefensável, sob qualquer aspecto (metereo + logia?). Que seria "metereo"?

A *meteorologia* não previu chuvas para este fim de semana.

Dia 5 – Data: ___/___/___

229. SOU DE ASCENDÊNCIA ITALIANA. (OU: "DESCENDÊNCIA"?)

Para nos referirmos a nossos antepassados, devemos dizer "ascendência":

> Meus avós eram de Roma. Sou de *ascendência* italiana.

Já as gerações vindouras, futuras são a descendência.

> "Que mundo estamos deixando para nossos *descendentes*?" tornou-se mera pergunta retórica, sem preocupação real com o Planeta, com a Natureza, com o Universo.

Na prática, usa-se "descendência" como sinônimo de parentesco, e a palavra "ascendência", por sua vez, é pouco usada. Use de acordo com o contexto.

Dia 6 – Data: ___/___/___

230. MECHER OU MEXER?

Depois da **sílaba** "-me", normalmente se emprega "x":

> me*x*er
> me*x*erica
> me*x*erico
> Mé*x*ico
> me*x*ilhão
> reme*x*er... *etc.*

EXCEÇÃO → mecha (é) (de cabelo)

Dia 7 – Data: ___/___/___

231. MINHA MÃE QUE É COSTUREIRA TRABALHA MUITO. (OU ENTRE VÍRGULAS? "... MÃE, QUE É COSTUREIRA, TRABALHA...")

Nas **orações subordinadas adjetivas explicativas**, a(s) vírgula(s) é (são) sempre obrigatória(s):

Minha mãe, que é costureira, trabalha muito.

A oração entre vírgulas pode ser retirada e, ainda assim, resta uma oração com sentido completo, plena de significação: "Minha mãe trabalha muito".
Cf.:

Meu irmão que é professor mora em São Paulo.

Sem vírgulas, temos uma oração que restringe, delimita o **substantivo** "irmão" na oração anterior: entre outros irmãos, este em específico mora em São Paulo. Com vírgulas, ficaria implícito que tenho apenas um irmão:

Meu irmão, que é professor, mora...

Note-se que, no caso de "mãe" (primeiro exemplo), não é possível restringir o sentido do **substantivo**, pela própria significação da palavra "mãe".

Por fim, comparem-se os exemplos seguintes:

Os alunos, que ficaram em recuperação, foram reprovados.
(sem restrição, todos eles — **oração explicativa**)
Os alunos que ficaram em recuperação foram reprovados.
(com restrição — somente estes — **oração restritiva**)

As **orações subordinadas adjetivas restritivas** nunca são isoladas por vírgula(s).

Semana 34

Dia 1 – Data: ___/___/___

232. MISTO OU MIXTO?

O erro se deve à provável influência de "mix", gíria oriunda do inglês "mixture". Em bom português, grafa-se com "s":

Não gosto de *misto*-quente. Prefiro hambúrguer. (plural: mistos-quentes)
Havia um *misto* de emoção e medo no seu olhar.

BIZU → Com "s" de "mistura", naturalmente!

Dia 2 – Data: ___/___/___

233. MORTADELA (-TA) OU MORTANDELA (-TAN)?

Sem "n" na **sílaba** "-ta" (mor-*ta*-de-la):

Comprei duzentos gramas de *mortadela*.

BIZU → Mantém sua **etimologia** do italiano "mortadella". Já que estamos falando nisso, atente-se também à grafia de "muçarela" (com "ç" na sílaba "ça").

Dia 3 – Data: ___/___/___

234. MORTO OU FALECIDO?

Depende do contexto. O problema é que, às vezes, "morto" se confunde com "matado":

Cecília Meireles, *morta* em 1964, foi uma grande poetisa.

Como está, a palavra "morta" pode passar abruptamente a mensagem de que ela foi morta por alguém (não é o caso). Diz-se que, em caso de morte natural, deve-se empregar "falecido", porém isso não se verifica na prática.

Muitos veem com reservas a palavra "falecido", tachando-a de "pedante" ou obsoleta. Pode-se optar por uma construção que evite ambas as palavras, se necessário:

Cecília Meireles, que morreu em 1964...

Cecília Meireles, cuja morte ocorreu em...

Em outros casos, uma das palavras simplesmente já se fixou no lugar da outra, independentemente de nuances semânticas:

Comunicamos com pesar o *falecimento* de... (cf.: "... a morte de...")

Usar com cautela!

Dia 4 – Data: ___/___/___

235. MUÇULMANO (-ÇUL) OU MULÇUMANO (MUL-)?

Os *muçulmanos* juraram reconquistar a velha Ibéria tão amada.

Por uma confusão generalizada, muitos grafam "mulçumano", mas na verdade o "l" fica na segunda sílaba (mu-çul-ma-no).

Dia 5 – Data: ___/___/___

236. — MUITO OBRIGAD*O* — DISSE ELA. (OU: "OBRIGA-D*A*"?)

As mulheres devem dizer "obrigada" e os homens, "obrigado", independentemente do sexo do interlocutor a quem nos dirigimos:

— Muito *obrigado*, Marta. Você é uma dama! — disse Roberto.

— Muito *obrigada* digo eu, Roberto. Você é um cavalheiro! — respondeu ela.

BIZU → O sexo biológico do ouvinte nunca determina a concordância!

Dia 6 – Data: ___/___/___

237. NA MEDIDA EM QUE OU À MEDIDA QUE (HÁ DIFERENÇA?)

Sim, e muita!

NA MEDIDA EM QUE → exprime valor de causa ou condição:

O professor foi injusto, *na medida em que* suas avaliações não refletem o conteúdo ensinado em sala de aula. (causa, isto é: porque, visto que, pois...)

A avaliação só será justa *na medida em que* refletir o que foi ensinado em sala de aula da forma o mais fiel possível. (condição, isto é: se, caso, desde que, etc.)

À MEDIDA QUE → exprime proporção:

À medida que escalávamos a montanha, íamos ficando mais ofegantes.

À medida que envelhecemos, vamos adquirindo mais sabedoria e algumas "algias".

Observações:

1ª) Atente-se a que a expressão proporcional não contém a **preposição** "em" depois de "medida": "à medida ~~em~~ que" (proporção); "na medida em que" (causa ou condição).

2ª) As expressões (**locuções conjuntivas**) que exprimem proporção são "à medida/ proporção que", sempre **craseadas**.

Dia 7 – Data: ___/___/___

238. NA VIDA, NEM TUDO É FLORES. (OU: "SÃO"?)

Na língua portuguesa, a **concordância verbal** se dá entre o **sujeito** e o **verbo** ou, excepcionalmente, com o **predicativo do sujeito** (sim, mesmo nas chamadas **orações sem sujeito**).

Em **orações** nas quais o **sujeito** é um dos **pronomes indefinidos** (aquilo, isso, isto e tudo), duas construções são possíveis:

* concordando com o **sujeito** (construção rara):

Na vida, nem tudo *é* dores.

* concordando com o **predicativo** (no caso, "dores"):

Na vida, nem tudo *são* dores. (construção dominante)

Outros exemplos (construção dominante em primeiro lugar):

Aquilo *são/ é* modos de se dirigir aos mais velhos?

Agora isso *são/ é* apenas lembranças.

Isto *são*/ é bobagens de sua cabecinha oca, menino!

Observação: Com nomes próprios, a **concordância** se faz sempre com o **sujeito** (isto é, na terceira pessoa do singular), realçando-lhe a individualidade: "Pedro *é* os desgostos da família" (ou: "Os desgostos da família *é* Pedro").

Semana 35

Dia 1 – Data: ___/___/___

239. NADA A VER OU NADA HAVER?

NADA A VER → quando queremos dizer que uma coisa não tem relação com outra, usamos o **verbo** "ver":

> Isso que você está dizendo não tem nada *a ver* com a história.
>
> Por favor, pare com isso! Uma coisa não tem nada *a ver* com a outra.

HAVER → Não tem nada a ver com a expressão acima! Trata-se, naturalmente, do verbo "haver".

Pres. do indicativo: eu hei, tu hás, ele há, nós havemos, vós haveis, eles hão
Pret. perfeito do indicativo: eu houve, tu houveste, ele houve, nós houvemos, vós houvestes, eles houveram
Pres. do subjuntivo: (que) eu haja, tu hajas, ele haja, nós hajamos, vós hajais, eles hajam

Observação: Alguns puristas insistem em que a construção correta é "que ver": "Isso que você está dizendo não tem nada *que* ver...". Embora essa construção encontre abono no português clássico, não há razão para se condenar a forma mais corrente hoje em dia.

Dia 2 – Data: ___/___/___

240. NAMORAR ALGUÉM OU NAMORAR COM ALGUÉM?

A rigor, na norma culta, "namorar" deve ser empregado como **verbo transitivo direto** (isto é, sem intermédio de **preposição**):

Pedro *namora* Sandra há muitos anos. (não: ~~namora com~~)

Atente para a substituição do nome por **pronome oblíquo átono**:

Pedro <u>a</u> *namora* há muitos anos. ("a" se refere a "Sandra")

Há de se notar, porém, que a construção com a **preposição** tem se tornado muito comum. O professor Paschoale Cipro Neto atribui essa "sintaxe cruzada" à provável influência do verbo "casar" ("quem casa, casa <u>com</u> alguém").

Use com cautela e de acordo com o contexto!

<u>Observação:</u> Também pode ser empregado como **verbo intransitivo**: "Pedro e Sandra namoram há muitos anos".

Dia 3 – Data: ___/___/___

241. NASCIDO A 13 DE MAIO (OU: "EM"?)

Na língua vernácula, é mais frequente o emprego da **preposição** "em", que, aliás, se justificaria pelo seu emprego diante do ano:

Nascido *em* 13 de maio de 1947, foi um cantor brilhante. (nascido em/no ano de 1947, e não "a 1947")

A construção com "a" tem matiz mais formal, comum em linguagem jurídica. Ambas são, portanto, corretas.

Dia 4 – Data: ___/___/___

242. NECRÓPSIA ("-CRÓP") OU NECROPSIA ("-SI")?

A rigor, a **sílaba tônica** é "si" (ne-crop-*si*-a):

A *necropsia* revelou a causa exata da morte.

Por influência da **paroxítona** terminada em **ditongo** "autópsia" (au-tóp-*sia*), passou também a ser pronunciada com acento tônico na penúltima sílaba e, consequentemente, grafada com acento (necrópsia).

Diversos dicionários, inclusive o VOLP, registram ambas as formas, sendo a primeira a preferida entre os mais puristas. Use com cautela!

Dia 5 – Data: ___/___/___

243. *Nem* um ou *Nenhum*?

NEM UM (duas palavras) → é nítida a ideia numérica, que pode ser reforçada:

Nem um manifestante (sequer) compareceu à assembleia.

Nem (ao menos) *um* aluno se posicionou a favor do professor.

BIZU → Observe, no segundo exemplo, que podemos afastar as palavras "nem" e "um"; da mesma forma, o primeiro: "Nem sequer um manifestante...".

NENHUM (uma palavra) → equivale a "nada", "ninguém":

Seus esforços não tiveram resultado *nenhum*. (isto é, não resultaram em nada)

Nenhum dos manifestantes quis falar com a impressa. (isto é, ninguém)

Observação: No terceiro exemplo, onde se lê "não resultaram em nada", não ocorre erro de dupla negação, como popularmente se acredita (essa lógica matemática não se aplica às questões linguísticas). O "não" é meramente enfático, nesse caso. Naturalmente, poder-se-ia grafar, com elegância e clareza, "... seus esforços resultaram em nada/ em nada resultaram", mas, frisemos, não se trata, a rigor, de erro.

Dia 6 – Data: ___/___/___

244. NENHUM DE NÓS CONCORDAMOS. (OU: "CONCORDOU"?)

Como "nenhum de nós" forma um todo "desmembrável" (= de nós, nenhum), pode-se fazer a **concordância atrativa**, isto é, com a palavra mais próxima (no caso, "nós"):

> Nenhum de nós *concordamos* com a decisão tomada.

Ou na 3ª pessoa do singular, concordando com "nenhum":

> Nenhum de nós *concordou* com a proposta.
>
> (pois = "De nós, nenhum concordou...")

Dia 7 – Data: ___/___/___

245. NO MOMENTO QUE OU NO MOMENTO EM QUE?

A aparente repetição da **preposição** "em" ("no" = "em" + "o") leva frequentemente à sua omissão, antes do **pronome relativo** ("que") em registros menos formais:

No *momento que* cheguei aqui, senti que este era meu lugar. (em vez de: "... no momento *em* que")

Não há erro na dupla ocorrência de "em"; pelo contrário: é a construção preferível, recomendada nos contextos formais:

No *momento em que* nos despedimos, pressenti que seria a última vez.

Observação: O mesmo vale para expressões semelhantes, tais como "no dia/ na hora (em) que...", etc.

Semana 36

Dia 1 – Data: ___/___/___

246. NÓBEL OU NOBEL?

A palavra "Nobel" segue sua pronúncia de origem inglesa, isto é, trata-se de uma **oxítona** (No-bel).

É, portanto, descabido o acento:

A renomada atriz ganhou o prêmio *Nobel* diversas vezes.

Observação: A palavra "Nobel" é um exemplo de **epônimo**, isto é, quando alguém dá seu nome a alguma coisa. O famoso prêmio foi instituído, em 1901, pelo cientista sueco Alfred Nobel.

Dia 2 – Data: ___/___/___

247. O ALUNO FEZ JUZ AO PRÊMIO. (OU: "JUS"?)

Com "s", pois tem relação com "justiça":

O aluno fez *jus* ao prêmio, pois é muito dedicado e inteligente.

Isto é, sua vitória foi justa, fez-se justiça ao lhe concederem o prêmio.

Dia 3 – Data: ___/___/___

248. O AVIÃO POSOU (OU: "POUSOU"?)

Aviões não fazem pose; portanto, também não posam; antes, po*u*sam:

> O avião *pousou* no Brasil pontualmente, como previsto. (pouso)

Trata-se do **verbo** "pousar".

Já os modelos fotográficos posam para as lentes dos fotógrafos, fazendo poses em posições estudadas:

> A atriz causou escândalo quando *posou* nua para uma revista de entretenimento adulto.

Em outros contextos, significa "fingir" ou ter uma atitude afetada:

> Ela tenta *posar* de boa moça, mas todos sabem quem ela realmente é.

Dia 4 – Data: ___/___/___

249. O CANSAÇO, A FOME, A SEDE, NADA O DESANIMAVA. (OU: "DESANIMAVAM"?)

Compare:

> O cansaço, a fome e a sede não o *desanimavam*. (plural)

A palavra "nada" resume ou recapitula os termos anteriores (cansaço, fome, sede), formando um **aposto resumidor** e, portanto, a concordância se faz, obrigatoriamente, com ele:

> O cansaço, a fome, a sede, nada o *desanimava*. (singular)

Outro exemplo:

A fome, a sede, o calor *exasperavam*-no.

A fome, a sede, o calor, tudo o *exasperava*.

Dia 5 – Data: ___/___/___

250. O CÓLERA OU A CÓLERA?

A hesitação se deve ao que está implícito: "o mal de cólera" ou "a doença da cólera". Embora alguns autores insistam em privilegiar uma das formas, ambas são aceitáveis, havendo, porém, nítida predominância pelo feminino, modernamente:

A cólera é uma doença/ um mal contagioso(a) causada por um vibrião. (mais comum)

O cólera é um mal/ uma doença com graves consequências para a saúde.

Observações:

1ª) No sentido de "ira", também é palavra feminina, da qual deriva o adjetivo "colérico" (isto é, irado, enfurecido): "O pai ficou *colérico* quando soube que sua filha adolescente estava experimentando drogas".

2ª) No caso de "dengue", em geral predomina a forma feminina para nos referimos à arbovirose (doença) e o masculino para nos referimos ao ato de tentar seduzir ou agradar alguém com "denguice" (é dessa acepção que vem a palavra "dengoso").

Dia 6 – Data: ___/___/___

251. O FILHO QUER BEM OS PAIS (OU: "AOS PAIS"?)

No sentido de "ter afeto, afeição por", trata-se de **verbo transitivo indireto**, portanto requer a preposição "a":

O filho que não é malcriado quer bem *a*os pais.

Atente para a substituição por **pronome oblíquo**:

O filho que não é malcriado quer-*lhes* bem. (ou: "quer bem *a eles*")

No sentido de desejar alguma coisa, é **verbo transitivo direto** (isto é, dispensa o intermédio de **preposição**):

O bebê quer *os* brinquedos.

Novamente, atente-se na substituição por **pronome oblíquo**:

O bebê *os* quer. (Informalmente, corresponde a "O bebê quer eles.")

Dia 7 – Data: ___/___/___

252. O FILME QUE VOCÊ FALOU É ÓTIMO (OU: "*DE* QUE VOCÊ FALOU"?)

Atente para o seguinte: "O filme que você falou é ótimo" é a reunião, em um só período, de duas orações:

Você falou do filme.

O filme é ótimo.

A palavra "que" (no caso, **pronome relativo**) deve vir precedida de **preposição** se o **verbo** da **oração principal** (no caso "falar") a requer: "quem fala, fala <u>de</u> alguém ou alguma coisa" (ou ainda, "sobre").

Temos, portanto:

O filme *de que* você falou é ótimo.

O filme *do qual* você falou é ótimo.

O filme *sobre o qual* você falou é ótimo.

BIZU → Para saber se "que" é **pronome relativo**, basta substituí-lo por "qual" (e variações), como nos dois últimos exemplos.

Semana 37

Dia 1 – Data: ___/___/___

253. O HOMEM, QUE É MORTAL, SOFRE. (AS VÍRGULAS ESTÃO CORRETAS?)

Observe que o **período** acima é formado por duas **orações**:

O homem sofre. / O homem é mortal.

As duas ideias são reunidas através do **pronome relativo** "que" e a oração introduzida por ele ("que é mortal") se denomina **adjetiva explicativa**. As **orações adjetivas explicativas** são sempre isoladas por vírgula(s), que estão, portanto, corretas; frise-se: são, aliás, obrigatórias.

Já nas **orações adjetivas restritivas** nunca ocorre(m) vírgula(s); cf.:

O homem que se esforça alcança seus objetivos.

Diferentemente do primeiro exemplo, no qual ocorre uma generalização (todos os homens são mortais), neste último ocorre uma especificação, uma restrição: apenas o homem que se esforça alcança seus objetivos.

Dia 2 – Data: ___/___/___

254. O MAIS CARAS POSSÍVEIS (OU: "POSSÍVEL")

Na construção dominante, "possível" fica no singular por causa do **artigo definido** "o" (também no singular):

Comprou roupas o mais caras *possível*.

BIZU → isso porque a verdadeira expressão é "o mais possível" (isto é: "Comprou roupas o mais possível caras").

Note-se, entretanto, que, modernamente, admite-se "possível" no plural, desde que o **artigo definido** também esteja no plural:

> Comprou sapatos os mais caros *possíveis*.
>
> Comprou roupas as mais caras *possíveis*.

Dia 3 – Data: ___/___/___

255. O MECÂNICO CHEIRAVA A GRAXA (OU: "À GRAXA", "A" CRASEADO?)

Se graxa é "aquilo que foi cheirado", sem o acento de **crase**:

> O mecânico cheirava *a* graxa, examinando-a, com o olfato apurado.

Se queremos dizer que ele exalava de si cheiro de graxa, isto é, seu corpo tinha cheiro de graxa, com acento:

> O mecânico cheirava constantemente *à* graxa. Não havia banho ou perfume que removesse aquele cheiro impregnado em sua pele.

Observação: O acento, no caso, não representa índice de "a" + "a(s)"; é empregado apenas para evitar ambiguidade ou para assegurar a clareza de sentido.

Dia 4 – Data: ___/___/___

256. O MÉDICO ASSISTIU O PACIENTE. (OU: "AO PACIENTE"?)

Constrói-se, preferencialmente, como **verbo transitivo direto** (isto é, sem intermédio de **preposição**):

O médico assistiu *o* paciente com muito zelo.

Atente-se na substituição por **pronome oblíquo**:

"O médico assistiu-*o* com..." (e não: "assistiu-~~lhe~~")

Modernamente, pode-se construir (menos comumente) também como **transitivo indireto**, com intermédio da **preposição** "a":

O médico assistiu *a*o paciente...

Note-se a substituição por **pronome oblíquo**:

"O médico assistiu-*lhe*..." (ou ainda: "assistiu a ele")

<u>Observação:</u> Via de regra, **verbos transitivos indiretos** não admitem **voz passiva**; como, no entanto, "assistir" admite as duas regências, ela é necessariamente correta: "O paciente *foi assistido* com zelo pelo médico".

Dia 5 – Data: ___/___/___

257. O PAI COM OS FILHOS PARTIU. (OU: "PARTIRAM"?)

A **preposição** "com" tem leve matiz **aditivo**, portanto a **concordância** no plural é possível:

O pai com os filhos *partiram*. (isto é, "o pai *e* os filhos", **sujeito composto**)

Note-se, entretanto, que essa é uma construção mais comum no português lusitano; no português brasileiro, redigimos, com igual clareza:

O pai *partiu* com os filhos. (**adjunto adverbial de companhia**)

<u>Observação:</u> A Nomenclatura Gramatical Brasileira (NGB) não propõe nenhuma classificação (tempo, modo, intensidade...) para o **adjunto adverbial** (**função sintática**), mas somente para o **advérbio** (a **classe morfológica**).

Dia 6 – Data: ___/___/___

258. O PERSONAGEM OU A PERSONAGEM?

Preferencialmente, trata-se de um **substantivo comum de dois gêneros**:

Simone foi *a* personagem mais cativante da novela Selva de Pedra.

Cristiano foi *o* personagem interpretado por Francisco Cuoco.

Note-se também que tem havido certa tendência, abonada em certas gramáticas, para se usar como **substantivo sobrecomum**, sempre no masculino, em conformidade com o padrão geral, em que o masculino predomina sobre o feminino (gramaticalmente falando, frisemos), como gênero neutro:

Simone/ Cristiano foi *o* personagem...

Dia 7 – Data: ___/___/___

259. O QUE TE DESEJO É ISTO, QUE SEJAS FELIZ. (VÍRGULA OU DOIS-PONTOS?)

Nas **orações subordinadas substantivas apositivas**, é mais comum o emprego dos dois-pontos, ressaltando-se marcante pausa suspensiva:

O que te desejo é isto*:* que sejas feliz.

↳ o. sub. subst. ap.

Pode-se, opcionalmente, usar vírgula (mais raro):

O que te desejo é isto*,* que sejas feliz.

Observação: Em se tratando de **oração substantiva predicativa**, a vírgula é inadmissível: "O que te desejo é que sejas feliz" (a vírgula após "é" não é possível).

Semana 38

Dia 1 – Data: ___/___/___

260. OBEDECÊ-LO(S) OU OBEDECER-LHE(S)?

Na norma culta formal deve-se construir, preferencialmente, como **verbo transitivo indireto**, isto é, complementado por **preposição** (no caso, "a"), quer nos refiramos a coisas ou pessoas:

Todos devem *obedecer* a̲o regulamento escolar. (obedecer a̲ ele)

Os alunos devem *obedecer* a̲os pais e a̲os professores. (obedecer-lhes/ a eles)

Observações:

1ª) Não obstante o exposto, em ambos os casos, admite-se como **verbo transitivo direto** (sem a **preposição** "a"): "Todos devem obedecer o regulamento..." (obedecê-lo); "Os alunos devem obedecer os pais..." (obedecê-los), construção verificada em autores modernos ou mesmo entre os clássicos.

2ª) Por conseguinte, admite-se a **voz passiva**: "O regulamento escolar deve ser obedecido por todos"; "Pais e professores devem ser obedecidos".

Dia 2 – Data: ___/___/___

261. OLHOS CASTANHO-CLAROS (OU: "CASTANHOS", NO PLURAL?)

Nos **adjetivos compostos**, apenas o último elemento varia:

Ela tinha olhos *castanho-claros*. (castanhos e claros)

Discutiam-se questões étnico-*raciais*. (étnicas e raciais)

Estudávamos as tradições *greco-romanas*. (gregas e romanas)

Observações:

1ª) Se o último elemento é um **substantivo**, nenhum dos elementos do **adjetivo** varia: "carros verde-garrafa", "capacetes amarelo-ovo", porque está subentendida a expressão "cor de": "carros verdes cor de garrafa", "capacetes amarelos cor de ovo".

2ª) Se a expressão "cor de" vier subentendida, a regra também é válida para o **adjetivo simples**: "blusas rosa" (e não "rosas"), "gatos cinza", conforme podemos verificar em "blusas cor-de-rosa" e "gatos cor de cinza" (não há, pois, necessidade de pluralizar os **substantivos** "rosa" e "cinza").

3ª) Constitui exceção à regra geral o **adjetivo** "surdo-mudo", cujo plural é "surdos-mudos" (flexionando-se também o primeiro elemento).

4ª) A expressão "cor-de-rosa" é sempre hifenizada: "Usava uma blusa cor-de-rosa".

Dia 3 – Data: ___/___/___

262. ONDE OU AONDE?

Do ponto de vista da norma culta escrita, deve-se usar "aonde" com **verbos** que denotam movimento:

> Aonde você vai?
>
> Ana Z, Aonde Vai Você? (título de uma obra de Marina Colassanti)
>
> Diga *a*onde você vai, que eu vou varrendo... (refrão de uma música popular)

Se os **verbos** são estáticos, deve-se usar "onde":

> *Onde* você está?

No Brasil, nota-se a preferência geral, na fala espontânea, por "onde", independentemente do tipo de **verbo**, mas convém atentar-se no contexto.

Observação: Evite-se, na língua culta formal, a palavra "adonde", que é o "cruzamento" de "aonde" com "donde", sem nenhuma funcionalidade prática na língua.

Dia 4 – Data: ___/___/___

263. ORTOGRAFIA CORRETA (HÁ REDUNDÂNCIA?)

Rigorosamente falando, dever-se-ia dizer/ escrever simplesmente "ortografia" ou "grafia correta", uma vez que em "ortografia correta" o **radical** "orto" já traz em si o sentido de "correto"; é como se estivéssemos dizendo "correta grafia correta".

Porém, é plenamente possível dizer/ escrever "ortografia correta", pois o falante da língua às vezes desconhece os **elementos mórficos** (**afixos**, **raiz**, **radical**, etc.) que compõem uma palavra; esse conhecimento só é possível através do estudo explícito da **etimologia**. Na prática, é como se o falante da língua não percebesse que a palavra "ortografia" é formada pela junção dos elementos "orto" e "grafia".

O conhecimento de gramática, incluindo o da *ortografia correta* das palavras, é de suma importância. (ou, simplesmente: "... incluindo o da ortografia...")

Pelo mesmo argumento, poder-se-ia dizer/ escrever "caligrafia bonita", mas, neste caso, tal construção não é admissível por não se encontrarem abonações na língua. Os falantes parecem mais conscientes da redundância neste caso.

Frisemos: nem toda redundância constitui erro, mormente quando se oblitera o sentido dos elementos (**radical**, **raiz**) que formam a palavra, como é o caso do verbo "suicidar-se", em que a ideia do "se" (a si mesmo) já está contida em "sui"; no entanto, no português brasileiro, a construção condizente com a norma culta é mesmo redundante; é, aliás, o único **verbo** essencialmente **reflexivo** da língua portuguesa.

Dia 5 – Data: ___/___/___

264. OS ESTADOS UNIDOS É UMA POTÊNCIA... (OU: "SÃO"?)

Nomes geográficos acompanhados de **artigo definido** no plural levam o **verbo** ao plural:

Os Estados Unidos *são* uma potência bélica.

Os Estados Unidos *são* um país incrível.

Os Estados Unidos *venceram* a competição.

Se não ocorre o **artigo**, o **verbo** fica no singular:

Estados Unidos *vence* campeonato mundial. (por exemplo, numa manchete)

Observação: Às vezes o **artigo** cai em desuso permanentemente, como é o caso de "Minas Gerais": "Minas Gerais é um belo Estado brasileiro" (o emprego de "as" é obsoleto: "No século XVIII, as Minas Gerais tinham como capital a bela Vila Rica").

Dia 6 – Data: ___/___/___

265. OS FILHOS SÃO TAL QUAL O PAI. (OU: "TAIS QUAIS"?)

A expressão "tal qual" é distributiva: "tal" concorda com o **sujeito** da primeira **oração** e "qual", com o **sujeito** da segunda; assim, são possíveis as construções:

O filho é tal / quais os pais.

O filho é tal / qual o pai.

Os filhos são tais / quais os pais.

Os filhos são tais / qual o pai.

Dia 7 – Data: ___/___/___

266. OS GUARDA-ROUPAS (OU: "GUARDAS-ROUPAS"?)

"Guarda", forma proveniente do **verbo** "guardar", deve ficar no singular, sempre:

> Os *guarda-roupas* custaram muito caro.
>
> Os *guarda-costas* observavam, atentos a tudo.

A possível dúvida se dá devido ao plural de "guarda-noturno", em que "guarda" se flexiona ("guardas-noturnos"); note-se, porém, que aqui "guarda" é **substantivo** (referimo-nos ao profissional).

Se se trata de flexão do **verbo** "guardar", não se esqueça: no singular, sempre!

Semana 39

Dia 1 – Data: ___/___/___

267. OS GUARDAS VIGIAVAM ALERTA. (OU: "ALERTAS"?)

Tradicionalmente, recomenda-se manter "alerta" no singular, pois seria, conforme a gramática normativa, um **advérbio** (portanto, invariável):

Os guardas-noturnos vigiavam *alerta*.

Entretanto, como observam diversos gramáticos e linguistas, na atualidade essa palavra é, antes, sentida como um **adjetivo** e, consequentemente, variável:

Os guardas-noturnos vigiavam *alertas*.

Ambas as formas são aceitáveis; atente-se, porém, no contexto de uso.

Dia 2 – Data: ___/___/___

268. OS LIVROS CUSTAM DEZ REAIS CADA. (OU: "CADA UM"?)

"Cada um(a)" forma uma **locução**; o **pronome** deve vir acompanhado de **substantivo** ou do **artigo**:

Cada livro custa dez reais.

Os livros custam dez reais *cada um*. (em fim de frase)

As peças custam dez reais *cada uma*. (em fim de frase)

Observação: Atente-se à concordância, que exige **verbo** no singular, por questão de semântica: "Cada um de nós é responsável por seus próprios atos". Aqui, a

concordância atrativa (com "nós") não se justifica, pois quer-se ressaltar a ideia de indivíduo; naturalmente, equivale a "De nós, cada um é responsável...".

Dia 3 – Data: ___/___/___

269. OS SEM-TERRA (OU: "SEM-TERRAS"?)

O **substantivo** varia no plural (segundo elemento):

Os *sem-terras* entraram em confronto com a polícia.

O **adjetivo composto** é que permanece invariável (ambos os elementos):

Os trabalhadores *sem-terra* promoveram um protesto.

Observação: É generalizado o emprego como **palavra composta** invariável, quer como **substantivo**, quer como **adjetivo**; atente-se, pois, ao contexto.

Dia 4 – Data: ___/___/___

270. OS TÉCNICOS-ADMINISTRATIVOS (OU: "TÉCNICO--ADMINISTRATIVOS"?)

Quando nos referimos aos trabalhadores que formam o corpo técnico e administrativo de uma instituição, trata-se de um **substantivo composto** e se flexiona de acordo com as regras dessa classe de palavras:

Os *técnicos-administrativos* entraram em greve após a assembleia.

Em se tratando do **adjetivo**, aplica-se a regra geral do plural dos **adjetivos compostos**, qual seja: varia apenas o último elemento:

Trata-se de questões técnic*o*-administrativa*s* cuja solução cabe aos técnico*s*-administrativo*s* da faculdade.

Dia 5 – Data: ___/___/___

271. QUE ELE DISSE? (OU: "O QUE...?", COM ARTIGO?)

Já é passada a tradição segundo a qual se censurava o **artigo definido** "o" antes do **pronome interrogativo** "que"; atualmente, entende-se que "o que" forma um todo indivisível, sendo ambas as construções aceitáveis:

Que ele disse? (clássico)

O que ele disse? (vernáculo)

BIZU → Deslocando-se "que" para o final da frase, podemos perceber que, de fato, não há por que eliminar o **artigo**: "Ele disse *o* quê?"

Dia 6 – Data: ___/___/___

272. PAGAR À VISTA (OU: "A VISTA"?)

Na **locução adverbial** de modo "à vista" não ocorre a fusão de "a" + "a(s)", as duas condições obrigatórias para a ocorrência da **crase**; prova isso a substituição pelo masculino: "pagar *a* prazo".

Não gosto de parcelar. Prefiro pagar *à* vista sempre que possível.

Por que empregamos o acento então? Por convenção. Convencionou-se empregar o acento nas **locuções adverbiais** para se diferenciá-las de outras estruturas da língua; por exemplo:

A noite chegou. (o termo destacado é **sujeito**)

À noite ele chegou. (**adjunto adverbial de tempo**)

Enfurecido, bateu *a* porta ao sair. (isto é, jogou-a com estrondo)

Ele bateu *à* porta e esperou. (isto é, *na* porta)

Dia 7 – Data: ___/___/___

273. PAGAR SEU JOÃO (OU: "A SEU JOÃO"?)

O verbo "pagar" é **transitivo direto** quando seu **complemento** é representado por coisa:

Paguei minhas dívidas; *paguei*-as todas.

Se o **complemento** é representado por pessoa, é **verbo transitivo indireto** (requer a **preposição** "a"):

Paguei a seu João tudo que eu devia. (Paguei-lhe/ a ele tudo...)

BIZU → "O" (e variações: "os", "a(s)", "lo(s)", "la(s)", "no(s)", "na(s)") substitui o **objeto direto**; "lhe(s)" substitui o **objeto indireto**.

Semana 40

Dia 1 – Data: ___/___/___

274. PAISINHO OU PAIZINHO?

São coisas diferentes:

PAISINHO → diminutivo de "país":

Os brasileiros costumam reclamar: que *paisinho* esse nosso!

PAIZINHO → diminuitivo afetivo de "pai":

Paizinho, o senhor poderia me dar um dinheirinho?

BIZU → Se a palavra primitiva contém "s", ele se mantém (me*s*a → me*s*inha); se não contém, usa-se "z" (pé → pe*z*inho, flor → flor*z*inha, etc.).

Dia 2 – Data: ___/___/___

275. PAPEIZINHOS OU PAPÉIZINHOS? (COM OU SEM ACENTO?)

"Papeizinhos" (sem acento), pois a **sílaba tônica** de "papéis" (pa-<u>péis</u>) se deslocou para a sílaba "zi" (pa-pei-<u>zi</u>-nhos).

Note-se que o acento nos **ditongos abertos** "éi(s)" e "ói(s)" foi abolido somente nas palavras **paroxítonas**.

O fato de "papéis" conter acento não significa que "papeizinhos" deve conter: para a acentuação gráfica, são palavras completamente diferentes (enquadram-se, respectivamente, nas regras das **oxítonas** e das **paroxítonas**).

Dia 3 – Data: ___/___/___

276. PARA MIM OU PARA EU?

Usamos "eu" para deixar claro que este é o **sujeito** do **verbo** que se segue no **infinitivo**. Confronte:

Pediram para ficar.

Quem quer ficar? A resposta pode ser "eles" ("Eles pediram para ficar"). Se desejo frisar que o **sujeito** da oração é "eu", é necessário usá-lo, em vez de "mim":

Pediram para *eu* ficar. (correto)

Pediram para *mim* ficar. (incorreto)

Naturalmente, em fim de frase, apenas "mim" é possível.

Tudo pedem para *mim*. (Cf.: Tudo pedem para *eu* fazer.)

Observação: Não basta que o **verbo** esteja no **infinitivo** para usar "eu" (em vez de "mim"). A oração seguinte, aparentemente incorreta, na verdade é gramatical: "Não é fácil para *mim* aceitar essa situação". Note que as palavras "mim" e "aceitar" estão apenas aparentemente juntas, mas não **subordinadas**, tanto é que podemos alterar essa ordem: "Para *mim*, não é fácil aceitar essa situação".

As vírgulas também são possíveis (com "eu", nunca):

Não é fácil, para *mim*, aceitar essa situação.

Dia 4 – Data: ___/___/___

277. PARALISAÇÃO OU PARALIZAÇÃO?

Com "s", mantido de "parali*s*ia":

> Os funcionários públicos retaliaram o governo com uma ameaça de *paralisação* nacional.

Para mais detalhes, vide o verbete "-i*s*ar ou -i*z*ar"?

Dia 5 – Data: ___/___/___

278. PASSOU A TARDE.. (OU: "À TARDE"?)

Significam coisas diferentes:

> Passou *a* tarde conosco. (**artigo definido**)

Isso é, permaneceu conosco durante toda a tarde (sintaticamente, "a tarde" é **objeto direto**: "Passou-*a* conosco").

> Passou *à* tarde no meu escritório para conversarmos. (fusão de "a" + "a")

Ou seja, em algum momento durante a tarde, passou por lá e depois se foi. Trata-se de uma **locução adverbial de tempo**, que, sintaticamente, faz papel de **adjunto adverbial**.

BIZU → Craseiam-se as **locuções adverbiais** formadas por palavras femininas. Em geral, há uma "proibição" quanto àquelas que indicam instrumento, mas já não existe consenso quanto a essa interpretação. Modernamente, trata-se como um mais um caso facultativo.

Dia 6 – Data: ___/___/___

279. PÉ-DE-CABRA OU PÉ DE CABRA? (COM OU SEM HIFENS?)

Antes do Novo Acordo, quando se fazia necessário destacar um significado especial para certas palavras, usavam-se hifens: o pé de cabra, literalmente, se referiria a parte do corpo do caprino; já um "pé-de-cabra" é um instrumento de trabalho, assim nomeado por analogia, obviamente.

Temos ainda o caso de "pé-de-moleque" (o doce), e não, literalmente, os pés de um "moleque". Com o atual Acordo Ortográfico, não se usam mais hifens nas **palavras compostas** formadas com **preposição**, independentemente do sentido que encerram:

> Usamos um *pé de cabra* para abrir o velho baú. (o instrumento!)
> O *pé de moleque* estava delicioso. (o doce, obviamente...)

Observação: O hífen só permanece em algumas exceções, mantidas por tradição (como em "água-de-colônia") ou quando nos referimos a termos da botânica ou da fauna, por exemplo, "copo-de-leite"; confrontem-se: "Quero tomar um copo de leite" e "O copo-de-leite é uma flor delicada".

BIZU → Grafa-se "mula sem cabeça", pois trata-se do "animal" lendário (não pertence, de fato, à fauna); portanto, sem hifens.

Dia 7 – Data: ___/___/___

280. PEDRO É OS DESGOSTOS DA FAMÍLIA. (OU: "SÃO...?")

Quando o **sujeito** da oração é formado por nome próprio de pessoa, a **concordância** se faz, obrigatoriamente, com ele:

Pedro *é* os desgostos da família.

Helena *é* os encantos de seus pais.

Se o **sujeito** é formado por **substantivo comum** (por exemplo, "o rapaz", "a moça") ou por **pronome pessoal** (eu, tu, ele... etc.), a **concordância** se faz com o **sujeito** ou, excepcionalmente, com o **predicativo**:

O rapaz/ Ele *é* os desgostos da família. (concordando com o **sujeito**)

Ela/A moça *são* os desgostos da família. (concordando com o **predicativo**)

Semana 41

Dia 1 – Data: ___/___/___

281. PEIXES-BOI OU PEIXES-BOIS?

A rigor, quando o **substantivo composto** é formado por dois **substantivos**, apenas o primeiro elemento varia, pois o segundo ("boi") atua como um tipo de especificador do primeiro:

Os *peixes-boi* estão sendo monitorados no Amazonas.

Trata-se de um "peixe" (significado predominante), mas não de um "boi" (note-se a **relação adversativa** entre os termos).

Outros exemplos para comparação:

manga-espada → manga*s*-espad*a* (é manga, *mas* não uma espada)
tatu-bola → tatu*s*-bol*a* (é tatu, *mas* não uma bola)
macaco-aranha → macaco*s*-aranh*a* (é macaco, *mas* não aranha)

Quando há uma **relação aditiva** entre os termos, ambos os elementos vão para o plural, pois não há predominância de significado:

editor-chefe → editore*s*-chefe*s* (é editor *e* chefe)
cirurgião-dentista → cirurgiõe*s*-dentista*s* (é dentista *e* cirurgião)
navio-escola → navio*s*-escola*s* (é navio *e* escola, ou seja, funciona como tal)

Observação: Como nem sempre é ponto pacífico determinar se determinado **substantivo** está ou não atuando como especificador, modernamente admite-se também o plural em ambos os elementos: peixe*s*-boi*s*, peixe*s*-espada*s*, manga*s*-espada*s*, peixes-espada*s*, couves-flor*es*, etc.

Observação: Embora pouco usual, também é correto o plural "cirugiães".

Dia 2 – Data: ___/___/___

282. PEQUENEZ OU PEQUINÊS?

São coisas completamente distintas:

PEQUENEZ (**substantivo abstrato**) → qualidade daquilo que é pequeno (figurativamente, "vil", "baixo"):

A *pequenez* de sua atitude mostrava que ele era um homem indigno.

PEQUINÊS → (**adjetivo**) referente a Pequim (China):

O adorável cão *pequinês* é originário da China, precisamente de Pequim.

Dia 3 – Data: ___/___/___

283. PERDESTE O CENSO. ESTÁS LOUCO! (OU: "SENSO"?)

CENSO → contagem:

O IBGE é responsável por realizar o *censo* populacional no Brasil.

SENSO → juízo, razão:

Que maluquice. Perdeste o *senso*. Estás louco! (a *sensatez*)

BIZU → A palavra "re*c*en*s*eamento" é sinônima de "*c*en*s*o"; aparentemente difícil de se escrever, basta notar que ela contém as consoantes "c" e "s" na mesma sequência que aparecem no referido sinônimo.

Dia 4 – Data: ___/___/___

284. PERDOÁ-LO OU PERDOAR-LHE?

"Perdoar", com **objeto** (**complemento verbal**) representando pessoa, é **verbo transitivo indireto**:

> Você deve *perdoar* a seus irmãos. Você deve perdoar-*lhes*. ("lhes" se refere a "irmãos")

Com **objeto** representado por coisa, é **verbo transitivo direto**:

> Os erros de seus irmãos, você deve perdoá-*los*. ("los" se refere a "erros")

Observação: Existe a combinação simultânea dos **pronomes** "lhe(s)" + "os", como em "Você deve perdoar-lhos", em que "lhos" se refere simultaneamente ao **objeto indireto** (irmãos) e ao **objeto direto** (erros); note-se, porém, que se trata de construção rara ou mesmo arcaica no português brasileiro moderno.

Dia 5 – Data: ___/___/___

285. DESEMPENHO OU PERFORMANCE?

A rigor, "performance" é um estrangeirismo (**anglicismo**) e tem seu equivalente perfeito em português:

> Seu *desempenho* durante o treino foi invejável.

A palavra "performance" está de tal forma in*s*erta (isto é, in*s*erida) na língua portuguesa, que poucos se apercebem de que se trata de uma palavra da língua inglesa (note-se que, rigorosamente aportuguesada, deveria receber acento, pois é **proparoxítona**: per-fór-man-ce).

Use com cautela, a depender do contexto.

Dia 6 – Data: ___/___/___

286. PODE (Ó) OU PÔDE?

PODE → é flexão do **verbo** "poder", no **presente do indicativo**:

Você *pode* me dar um minuto de sua atenção, por favor?

PÔDE → recebe **acento diferencial** (dos poucos mantidos pelo atual Acordo Ortográfico) para se distinguir da forma a que nos referimos acima:

Ontem liguei para ela, mas ela não *pôde* me atender. (**pretérito perf. do indicativo**)

Dia 7 – Data: ___/___/___

287. PODER DISCRECIONÁRIO (OU: "DISCRICIONÁRIO"?)

"Discr*i*cionário", com o mesmo "i" de "discr*i*ção" (da sílaba "-cri"):

O juiz tem poder discr*i*cionário nos casos não previstos pela lei.

Isto é, poder livre de condições ou limites.

Observação: A grafia "discr*e*cionário" não se justifica porque não temos a palavra "discr*e*ção", apesar da origem latina, com "e" (discr*e*tione). Nem sempre a **etimologia** determina a grafia no estágio/ estádio atual da língua, é bom ressaltar.

Semana 42

Dia 1 – Data: ___/___/___

288. POLIR OU PULIR?

"Polir", com o mesmo "o" de "polimento":

Cuidado ao *polir* esta pedra, pois é muito delicada.

É **verbo defectivo** em alguns tempos verbais (isto é, não apresenta conjugação completa); no **presente do indicativo**, por exemplo, só possui as pessoas "nós" e "vós" ("nós polimos", "vós polis"); portanto, "eu pulo", "tu pules"... etc. são formas inexistentes.

Dia 2 – Data: ___/___/___

289. POR ISSO OU PORISSO (JUNTO OU SEPARADO?)

Sempre como duas palavras:

Não estudou tanto quanto devia, *por isso* foi mal na prova.

A grafia "porisso" se deve, provavelmente, à forte influência da pronúncia, em que as duas palavras parecem uma só; graficamente, porém, preste atenção: escreva sempre em duas palavras.

BIZU → Não existe a grafia "porisso", da mesma forma que ninguém escreve "poresse" (por esse) ou "poreste" (por este), por exemplo.

Dia 3 – Data: __/__/__

290. POR OU PÔR?

POR → **preposição, monossílaba átona** (por isso, sem acento):

Vamos *por* aqui, que chegaremos mais rápido.

PÔR → **verbo** no **infinitivo** (recebe acento diferencial):

Vou *pôr* água no fogo para fazer um café.

Observação: Coloca-se o acento sobre "pôr" no **infinitivo**, mas não se devem acentuar (por falsa associação) **verbos derivados**, tais como "compor", "repor", "supor", etc.

Dia 4 – Data: __/__/__

291. POR QUE / POR QUÊ OU PORQUE?

POR QUE (separado, sem acento) → usa-se em início de frase, nas **interrogativas diretas** ou **indiretas**:

Por que você faltou à prova?
A professora perguntou *por que* faltei.

Neste caso, após "que", fica implícita a palavra "motivo".

Observação: Em fim de frase, recebe acento circunflexo: "Você faltou à aula *por quê*?", "Ele faltou à aula, mas não sei dizer *por quê*". Note-se, como já ressaltamos, que a palavra "motivo" permanece implícita, subentendida.

PORQUE (junto, sem acento) → usa-se para introduzir uma explicação ou justificativa (equivale, por exemplo, a "pois" ou "como"):

Foi mal na prova *porque* não estudou o suficiente.
Porque (como) não estudou o suficiente, foi mal na prova.
Faltou à aula *porque* estava doente.
Porque (como) estava doente, faltou à prova.

BIZU → Neste caso, diferentemente do anterior, não fica subentendida a palavra "motivo".

Dia 5 – Data: ___/___/___

292. POR QUE VOCÊ O NÃO CONVIDOU? (OU: "... NÃO O CONVIDOU"?)

Como existem duas razões para a **próclise**, nesse caso, pode-se escrever:

Por que você *o* não convidou?

As palavras "por que" (**advérbio interrogativo**) e "não" (**advérbio de negação**) são ambas fatores de **próclise**, então o **pronome** pode ficar entre elas.

Como, porém, a frase não soa tão bem, hodiernamente a construção mais comum é:

Por que você não *o* convidou?

Observação: Note-se, neste caso, que, como há fator(es) de **próclise**, a ênclise é inaceitável: "Por que você não convidou-o?" (incorreto).

Dia 6 – Data: __/__/__

293. PORQUÊ (JUNTO E COM ACENTO. POR QUÊ?)

Só se utiliza quando pode ser substituído pela palavra "motivo":

Vou investigar o *porquê* da conduta reprovável do professor.

Isto é, "... investigar o motivo". Note-se que, como vimos anteriormente, com "por que" e "por quê", a palavra "motivo" fica subentendida; já no caso acima, ela substitui "porquê".

"Porquê" é um **substantivo** e, como tal, admite plural:

Seus *porquês* não vêm ao caso, pois você é um mentiroso contumaz!

Dia 7 – Data: __/__/__

294. PORVENTURA OU POR VENTURA? (JUNTO OU SEPARADO?)

Trata-se de dois casos diferentes:

PORVENTURA → (**advérbio de dúvida**):

Se *porventura* você tiver algum problema, não hesite em entrar em contato.

Porventura você acredita que um dia os ETs realmente conquistarão a Terra?

POR VENTURA → (**locução adverbial de modo**, formada de "por" + **substantivo** "ventura"):

Foi *por ventura* do destino que conquistou um grande emprego na vida. (isto é, por aventurança, pela fortuna, pela sorte)

Semana 43

Dia 1 – Data: ___/___/___

295. POSTO QUE (QUAL É O SENTIDO MESMO?)

"Posto que" deve ser usada para indicar concessão (**locução conjuntiva concessiva**):

> Era muito preguiçosa, *posto que* fosse muito inteligente. (isto é, "... embora fosse muito inteligente")

Tem sido usada, erroneamente, para indicar causa (isto é, equivalendo a "porque"). Em que pese a disseminação desse uso, convém ter cautela.

Observação: Foi assim, com sentido causal (talvez com licença poética), usada no famoso poema de Vinícius de Morais.

Dia 2 – Data: ___/___/___

296. PRAZEROSO OU PRAZEIROSO? ("-ZE" OU "-ZEI"?)

Trata-se da junção da palavra "prazer" com o **sufixo** "-oso", formador de **adjetivos**; portanto o "i" na sílaba "zei" (pra-~~zei~~-ro-so) não tem razão de ser:

> Um cheiro *prazeroso* vinha da cozinha do modesto restaurante.

O engano se pode dar a partir de palavras como "cheiroso" ("cheiro" + "oso"), mas o "i", nesse caso, está presente na **palavra primitiva**, o que não é o caso em "prazeroso"; mais um exemplo, portanto, de falsa associação.

Dia 3 – Data: ___/___/___

297. PRECISAM-SE DE PROFESSORES...? (OU: "PRECISA--SE"?)

Verbos transitivos indiretos seguidos de "se" (índice de sujeito indeterminado) só admitem o singular:

"*Precisa-se* de professores", dizia o anúncio no *site*.

Já os **verbos transitivos diretos** concordam normalmente com o **sujeito paciente** (sublinhado):

Contrata-se <u>professor</u>.

Contrata*m*-se <u>professores</u>.

Isso porque é possível converter os dois últimos exemplos para a **voz passiva**; assim:

Professor é contratado. (singular)

Professores são contratados. (plural)

Note-se que não é possível tal conversão com o primeiro exemplo.

<u>Observação:</u> Não obstante a crítica dos linguistas quanto à concordância nos dois últimos exemplos, até o momento é a única oficialmente "aceita".

Dia 4 – Data: ___/___/___

298. PRETENCIOSO OU PRETENSIOSO?

Com "s", pois vem de "preten*s*ão" + o **sufixo** "-oso":

Não seja *pretensioso*. Ninguém gosta de gente assim.

Novamente, o erro provavelmente se dá por influência da terminação "-cioso", muito frequente: ganancioso, atencioso, delicioso, etc.

BIZU → Evite-se usar "pretensão" em vez de "intenção"; embora sejam praticamente intercambiáveis, nota-se que um sentido fortemente negativo está associado à palavra "pretensão", talvez principalmente por causa do **adjetivo** "pretensioso".

Dia 5 – Data: ___/___/___

299. PREVENIDO OU PREVINIDO?

Devido à pronúncia descuidada, muitos grafam com "i", mas o correto é com "e":

Já diz o velho ditado: "É melhor prev*e*nir do que remediar".

Como ele é muito prev*e*nido, não tem que remediar.

Atente para a **conjugação verbal**:

Pres. do ind.: eu previno, tu prevines, ele previne, nós prev*e*nimos, vós prev*e*nis, eles previnem
Pret. perf. ind.: eu prev*e*ni, tu prev*e*niste, ele prev*e*niu, nós prev*e*nimos, vós prev*e*nistes, eles prev*e*niram
Pres. do subj.: prev*i*na, prev*i*nas, prev*i*na, prev*i*namos, prev*i*nais, prev*i*nam

BIZU → Para se lembrar de que o **particípio** ("prevenido") é com "e" na sílaba "-ve" (não "i"), associe ao "e" da palavra "prev*e*nção".

Dia 6 – Data: ___/___/___

300. PREVIRAM CHUVA PARA O FIM DE SEMANA. (OU: "PREVERAM..."?)

"Prever" deriva-se do **verbo** "ver"; portanto, conjuga-se como tal. Se dizemos "eu vejo", "tu vês", etc., logo devemos dizer:

Pres. do ind.:

eu *vejo* → eu pre*vejo*; tu *vês* → tu pre*vês*..., eles *veem* → eles pre*veem*

Pret. perf. do ind.:

eu *vi* → eu pre*vi*, tu *viste* → tu pre*viste*...; eles *viram* → eles *previram*

Pres. do subj.:

(que) eu *veja* → eu pre*veja*; tu *vejas* → tu pre*vejas*, etc.

PORTANTO → escreve-se/ fala-se:

Não *previram* chuva no boletim meteorológico.

A meteorologia não *previu* chuva para o fim de semana.

Dia 7 – Data: ___/___/___

301. PRIVILÉGIO OU PREVILÉGIO?

Com "i" na primeira sílaba ("-pri"):

Durante a viagem, tive o pr*i*vilégio de ser convidado para a primeira classe. (pr*i*-vi-lé-gio)

Assim também se deve grafar "pr*i*vilegiado".

BIZU → É, com frequência, empregada incorretamente; para não esquecer, associe ao "i" de "d*i*reito" (ou ainda ao de "regal*i*a" ou "*i*munidade"), com as quais "privilégio" está semanticamente relacionada.

Semana 44

Dia 1 – Data: ___/___/___

302. PROVINDO OU PROVIDO? (SÍLABA "-VI" OU "-VIN"?)

"Provindo" é o **particípio** de "provir", que, por sua vez, é **verbo derivado** de "vir"; como este não tem **particípio** específico, o **gerúndio** faz tal papel. Assim como digo/ escrevo:

De onde teriam *vindo* aquelas notícias?

Também digo/ escrevo:

De onde teriam *provindo* aquelas notícias? (pro-vi*n*-do, com "n" na segunda sílaba)

Observações:

1ª) "Provido" é **particípio** do **verbo** "prover" (abastecer): "Haviam *provido* a despensa dos víveres necessários para atravessar a escassez de alimentos".
2ª) O **verbo** "intervir" (ou qualquer outro **derivado** de "vir") tem o **gerúndio** fazendo as vezes de **particípio**: "Se ele não tivesse intervi*n*do, não sei o que teria acontecido." (e não: ~~intervido~~).

Dia 2 – Data: ___/___/___

303. PISCICULTURA OU PSCICULTURA?

Com "i" a primeira sílaba:

A p*i*scicultura é a principal atividade econômica da região. (p*i*s-ci-cul-tu-ra)

O erro, provavelmente, advém de palavras tais como "psicologia", "psicólogo", etc.

BIZU → Associe a "piscina"; nesta palavra, "pisci" significa "peixe" (mesmo radical de "pisciano", por exemplo, isto é, do signo de peixes). Num passado muito distante, uma piscina era um viveiro onde se criavam peixes. Modernamente, a palavra perdeu essa associação, esse sentido se obliterou.

Dia 3 – Data: ___/___/___

304. QUANDO VI PAULA, A CUMPRIMENTEI. (OU: "CUMPRIMENTEI-A"?)

Em tese, **pronome oblíquo átono** não deve iniciar **oração** (em qualquer **período**); é, porém, amplamente difundido o uso da **próclise** em casos assim:

> Quando vi Paula, *a* cumprimentei. (forma aceitável, às vezes censurada)
> Quando vi Paula, cumprimentei-*a*. (forma estritamente de acordo com a norma culta)

Use, pois, com cautela, de acordo com o contexto.

Dia 4 – Data: ___/___/___

305. QUE OU QUÊ (COM OU SEM ACENTO?)

Essas palavras figuram como **monossílabas átonas** ou **tônicas**, dependendo da posição em que aparecem na **oração**.

Em fim de frase, é **monossílaba tônica**, portanto leva acento:

Meu amigo, você está pensando em *quê*?

Em início de frase, é átona, sem acento:

Meu amigo, em *que* você está pensando?

Frise-se: pela mesma razão, ocorre acento em "por quê':

Ele sentiu ofendido, mas não sei *por quê*.

Observação: Na linguagem espontânea, quando usado repetidamente, o primeiro "que" (expletivo) é, em geral, acentuado: "*Quê* que você disse?"

Dia 5 – Data: ___/___/___

306. QUISER OU QUIZER?

Com "s" (o mesmo de "quis", forma que geralmente não causa dúvida), em todas as flexões, como se pode ver abaixo:

Pret. perf. ind.: eu qui*s*, tu qui*s*este, ele qui*s*, nós qui*s*emos, vós qui*s*estes, eles qui*s*eram

Pret. imp. do subj.: (se/ quando) eu qui*s*esse, tu qui*s*esses, ele qui*s*esse, nós qui*s*éssemos, vós qui*s*ésseis, eles qui*s*essem

Quando você *quiser*, podemos conversar a respeito do assunto.

BIZU → Não existe a grafia "quisece". No **pretérito imperfeito do subjuntivo**, a **desinência modo-temporal** é sempre grafada "–sse": ama*sse*, fala*sse*, corre*sse*, parti*sse*, pude*sse*, etc.

Dia 6 – Data: __/__/__

307. QUITE OU QUITES?

Como é **adjetivo**, é palavra que concorda normalmente com o termo a que se refere:

— "Já estou *quite* com o Serviço Militar obrigatório", disse o rapaz. (singular)
Aqueles que não estiverem quite*s* com a justiça eleitoral pagarão multa. (plural)
"Agora estamos *quites*," disse ele ao amigo.

Dia 7 – Data: __/__/__

308. RAINHA (POR QUE SEM ACENTO NO "I"?)

Quando a **vogal** "i" (ou "u") ocorre em **hiato**, só recebe acento se forma sílaba sozinha ou com a letra "s", como nos exemplos seguintes:

ruína (ru-í-na) (mas: ruindo; ru-i*n*-do)
país (pa-ís), países (pa-í-ses)
raiz (ra-i*z*), raízes (ra-í-zes)

Essa regra geral, no entanto, esbarra em duas proibições: as referidas vogais não receberão acento se vierem precedidas de **ditongo decrescente** (**vogal** + **semivogal**) ou se vierem seguidas de "nh":

feiura (f*ei*-u-ra), rainha (ra-i-*nh*a)

Observação: Antes do atual Acordo Ortográfico, "feiúra" se grafava com acento; foi abolido. Se, porém, o **ditongo** for **crescente** (**semivogal** + **vogal**), o acento ocorre: guaíba (g*ua*-í-ba).

Semana 45

Dia 1 – Data: ___/___/___

309. RAVIÓLI OU RAVIOLI (OXÍTONA OU PAROXÍTONA?)

Acentuam-se as **oxítonas** terminadas pelas vogais "a", "e" ou "o", seguidas ou não de "s"; as terminadas com as vogais "i" ou "u", precedidas de consoante, nunca recebem acento.

A regra acima funciona de maneira inversa em relação às **paroxítonas**. Se as **oxítonas** terminadas em "i(s)" não recebem acento, recebê-lo-ão as **paroxítonas**:

O *ravióli* estava delicioso.

Também se acentuam por esta regra as palavras seguintes: biquíni, húmus, míni (minissaia ou minidicionário), múnus (cargo), etc.

<u>Observação:</u> **Oxítonas** terminadas em "i(s)" ou "u(s)" só recebem acento quando essas vogais formam **hiato**; exs.: açaí(s) (a-ç<u>a</u>-<u>í</u>), Itajaí (I-ta-j<u>a</u>-<u>í</u>), Anhagabaú (A--nha-ga-b<u>a</u>-<u>ú</u>), baú(s) (b<u>a</u>-<u>ú</u>), Maranacaú (Ma-ra-ca-n<u>a</u>-<u>ú</u>), etc.

Dia 2 – Data: ___/___/___

310. RECÉM-CASADOS OU RÉCEM-CASADOS?

"Recentemente casados" abrevia-se para "recém-casados"; trata-se de palavra **oxítona** (acentuam-se as **oxítonas** terminadas pelas vogais "a", "e", "o", seguidas ou não de "s", "em" e "ens").

Nas **palavras compostas** ligadas por hífen, considera-se cada elemento separadamente para a acentuação; assim, acentuamos "recém" pelo mesmo motivo que acentuamos **oxítonas** tais como "também", "alguém", "armazém", etc.

Recém-casados, viajaram à Itália em lua de mel.

Dia 3 – Data: ___/___/___

311. RECORDE, RÉCORDE OU RECORD?

A rigor, em bom português, prefira-se a primeira forma (**paroxítona**: re-cor-de):

O país bateu o próprio *recorde* da última inflação.

A forma aportuguesada "récorde" (proparoxítona: ré-cor-de) ainda não se encontra dicionarizada, portanto não é oficial; evite-se.

Em se optando por "record", cabe dar o devido destaque (por exemplo, aspas ou itálico), por se tratar de palavra da língua inglesa.

Dia 4 – Data: ___/___/___

312. REVESAR OU REVEZAR?

Não hesite: de onde vem a palavra? De "vez", não é verdade?

Vamos *revezar* na tarefa, que assim será concluída rapidamente. (trocar turno, isto é, a vez)

Logicamente, também se grafa "revezamento" (com "z").

BIZU → "Revé*s*" ("adver*s*idade", "contratempo") não tem qualquer relação semântica com "revezar".

Dia 5 – Data: ___/___/___

313. RITMO OU RÍTMO (COM OU SEM ACENTO?)

Sem acento. Por quê?

Acentuam-se as **oxítonas** terminadas em "a", "e", "o" (seguidas ou não de "s"), "em" ou "ens", mas não as **paroxítonas** com essas mesmas terminações; confrontem-se, lado a lado, respectivamente, **oxítonas** e **paroxítonas**:

Par*á* (Estado) e par*a* (**preposição**)
car*á* (tubérculo comestível) e car*a* (rosto)
est*á* (estar) e est*a* (estas, este(s), etc.)
carn*ê* (talão) e carn*e* (tecido muscular)
camel*ô* (comerciante) e camel*o* (animal)
metr*ô* (transporte) e metr*o* (unidade de medida), etc.

PORTANTO:

Trabalhávamos em um *ritmo* frenético. (rit-m*o*; **paroxítona**)

Dia 6 – Data: ___/___/___

314. RÚBRICA OU RUBRICA (PROPAROXÍTONA OU PAROXÍTONA?)

Apesar do engano generalizado, a grafia correta é como **paroxítona**:

— Assine sua *rubrica* neste espaço, por favor. — disse a secretária. (ru-bri-c*a*)

Observação: O **radical** dessa palavra significa "vermelho". As assinaturas em documentos da realeza se faziam a tinta vermelha, em tempos de antigamente; os "rubro-negros" são os entusiasmados torcedores flamenguistas, que reverenciam a bandeira vermelha e negra (preta) dessa associação (d)esportiva.

Dia 7 – Data: ___/___/___

315. SACI OU SACÍ?

Acentuam-se **oxítonas** terminadas em "i(s)" (ou "u(s)") apenas quando essas vogais formam **hiato**:

Itajaí (I-ta-ja-í), açaí (a-ça-í), Paranavaí (Pa-ra-na-va-í), baú (ba-ú), Anhagabaú (... ga-ba-ú), etc.

Se essas vogais vêm precedidas de **consoante**, nunca são acentuadas:

sac*i* (sa-c*i*), Itapev*i* (I-ta-pe-v*i*), burit*i* (bu-ri-t*i*) jabut*i* (ja-bu-t*i*) etc.

BIZU → Por oposição, **paroxítonas** terminadas por "i(s)" ou "u(s)" são sempre acentuadas: biquín*i*, ravióL*i* (massa), dând*i* ("almofadinha"), rúgb*i* (esporte), lúp*us* (doença), lót*us* (flor), vír*us*, etc.

Semana 46

Dia 1 – Data: ___/___/___

316. SAIU A FRANCESA OU SAIU À FRANCESA?

Significam coisas diferentes:

Saiu *a* francesa. (isto é, "A francesa saiu"; "a francesa" é o **sujeito** da oração)

Para assinalar a **locução adverbial de modo**, isto é, que indica o modo de sair, usamos o acento de **crase**:

Saiu *à* francesa, sem que absolutamente ninguém pudesse perceber.

Quando vai a festas, não se despede de ninguém. Sempre sai *à* francesa.

Dia 2 – Data: ___/___/___

317. SE NÃO OU SENÃO (UMA OU DUAS PALAVRAS?)

SE NÃO → caso não:

Se não nos esforçarmos, não conseguiremos vencer. (isto é, caso não nos esforcemos)

SENÃO → a não ser, do contrário, etc. (uma só palavra):

Ela não faz nada *senão* reclamar. (a não ser)

Esforcemo-nos, *senão* será impossível vencer. (do contrário)

Dia 3 – Data: ___/___/___

318. SE NINGUÉM SE OPOR, ESTOU DE ACORDO. ("OPOR" ESTÁ CERTO?)

"Opor" se conjuga como "pôr". Se eu digo "ele pôs", também digo "ele (se) opôs". Se ninguém se *opor*? Neste caso, o **verbo** está no **subjuntivo** (**futuro**); observe:

Fut. do subj.: (quando) eu puser, tu puseres, ele puser, nós pusermos... etc.

Assim, portanto, o correto é:

Se ninguém se *opuser*, estou de acordo.

Dia 4 – Data: ___/___/___

319. SE PAULO VIR OU SE PAULO VIER?

Significam coisas diferentes:

Se Paulo *vir* a irmã, dará meu recado a ela. (**infinitivo**: ver)

Se ele *vier* à festa, darei o recado a ele. (**infinitivo**: vir)

Atente, portanto, para a **conjugação** dos **verbos** "ver" e "vir", respectivamente:

Fut. do subj.: (quando/ se) eu vir, tu vires, ele vir, nós viermos, vós virdes, eles virem

Fut. do subj.: eu vi*e*r, tu vi*e*res, ele vi*e*r, nós vi*e*rmos, vós vi*e*rdes, eles vi*e*rem

Dia 5 – Data: ___/___/___

320. SE VOCÊ MANTER SUA PALAVRA, ENTRAMOS EM ACORDO. (ESTÁ CERTO?)

"Manter" se **conjuga** como "ter":

Pres. do ind.: eu tenho/ mant*enho*, tu tens/ mant*éns*, ele tem/ mant*ém*... etc.
Pret. perf. do ind.: eu tive/ eu mant*ive*, tu tiveste/ tu mant*iveste*, ele teve/ ele man*teve*... etc.
Pres. do subj.: (se/ quando) eu tiver/ mant*iver*, tu tiveres/ mant*iveres*, ele tiver/ mant*iver*... etc.

Temos, portanto:
Se você *mantiver* sua palavra, entramos em acordo.
Se ele não *mantivesse* sua palavra, não entraríamos em acordo.
Caso ele *mantenha* a palavra, entramos em acordo.

Dia 6 – Data: ___/___/___

321. SE VOCÊ NÃO SE CONTRADIZESSE TANTO... (OU: "CONTRADISSESSE?")

"Contradizer" se conjuga por "dizer":
Pres. do ind.: eu digo/ contra*digo*, tu dizes/ contra*dizes*, ele diz/ ele contra*diz*... etc.
Pret. perf. do ind.: eu disse/ eu (me) contra*disse*; tu disseste/ tu (te) contra*disseste*... etc.

Fut. do subj.: (quando/ se) eu disser / (me) contra*disser*, tu disseres/ (te) contra*disseres*... etc.

Assim, portanto:

Se você não se *contradissesse* tanto, as pessoas não duvidariam da sua palavra.

Pret. imp. do subj.: (se) eu dissesse/ (me) contra*dissesse*, tu dissesses/ (te) contra*dissesses*... etc.

Dia 7 – Data: ___/___/___

322. SE VOCÊ VER PAULO... (OU: "VIR"?)

"Se você ver..." parece correto, mas não está: o **futuro do subjuntivo** de "ver" se conjuga assim:

Futuro do subjuntivo: (se) eu vir, tu vires, ele vir, nós virmos, vós virdes, eles virem

Assim, o correto é:

Se você *vir* Paulo, diga-lhe que estou procurando-o.

Se tu *vires* Paulo, diz(e)-lhe que...

Se vós *virdes*..., dizei-lhe que...

Se vocês *virem*..., digam-lhe...

Semana 47

Dia 1 – Data: ___/___/___

323. SEÇÃO OU SESSÃO?

SEÇÃO → departamento, divisão:

Você encontrará este medicamento na *seção* de antialérgicos.

Ela não sabia ainda em qual *seção* eleitoral iria votar.

SESSÃO → assembleia, reunião:

Em se*ss*ão solene, o presidente da empresa fez um belo discurso.

Às vezes, os amigos se reuniam para assistir aos filmes da Se*ss*ão da Tarde.

Dia 2 – Data: ___/___/___

324. SEJA OU SEJE?

"Seja", sempre; "seje" nem sequer existe. Atente, pois, na conjugação:

Pres. do subj.: (que) eu seja, tu sejas, ele seja, nós sejamos, vós sejais, sejam
Imperativo afirm.: sê (tu), seja (você), sejamos (nós), sede (vós), sejam (vocês)
Imperativo neg.: não sejas (tu), não seja (você), não sejamos (nós), não sejais (vós), não sejam (vocês)

Do mesmo modo, tampouco existe a forma verbal "esteje" (sempre: estej*a*).

Dia 3 – Data: ___/___/___

325. SINCERO COM VOCÊ OU SINCERO PARA VOCÊ?

Popularmente, ouve-se:

Deixa eu ser sincero *para* você?

A rigor, na norma culta, as regências corretas são:

Deixe-me ser sincero *para com* você. (ou, simplesmente: "sincero com")

Dia 4 – Data: ___/___/___

326. -*S*INHO OU -*Z*INHO? (TERMINAÇÃO)

Se a **palavra primitiva** contém "s", o "s" se mantém no **grau diminutivo**:

paí*s* → pai*s*inho; me*s*a → me*s*inha; lápi*s* → lapi*s*inho, etc.

Caso não contenha "s", o diminutivo se grafa com "-*z*inho":

pe*z*inho(s), pe*z*ito, papel*z*inho, amor*z*inho, flor*z*inha, etc.

Naturalmente, também com "z", se a **palavra primitiva** contém "z":

rai*z* → rai*z*inha; jui*z* → jui*z*inho, etc.

Dia 5 – Data: ___/___/___

327. SOBRANCELHA OU SOMBRANCELHA (SÍLABA –SO OU –SOM?)

"Sobrancelha", sem "m" na primeira sílaba:

Ela fez a *sobrancelha* para ficar mais bonita. (so-bran-ce-lha)

Atente para a palavra "sobranceiro", que, embora não tenha **relação semântica** com "sobrancelha", também é grafada, erroneamente, com "m" na primeira sílaba (so-bran-ceir-ro); um olhar sobranceiro é um olhar de superioridade, de desdém.

Não há, em nenhum dos casos, qualquer relação com "sombra" (talvez seja a falsa associação que explique o "m" errôneo).

Dia 6 – Data: ___/___/___

328. SORTIR OU SURTIR?

SORTIR → abastecer-se do necessário, fazer provisão:

O comerciante *sortiu* sua loja com variados produtos.

SURTIR → apresentar determinado resultado:

O medicamento não *surtiu* o efeito que esperávamos.

DERIVADA(S) → s*o*rtimento (de "s*o*rtir")

Dia 7 – Data: ___/___/___

329. -SSE (TERMINAÇÃO)

No **pretérito imperfeito do subjuntivo**, todos os **verbos** são grafados, sem exceção, com a terminação (**desinência modo-temporal**) "-sse":

(se) eu pude*sse*, quise*sse*, fala*sse*, ama*sse*, etc.

Assim, é completamente injustificável a grafia "quisece", por exemplo (ou, ainda pior, "quizece" — dois erros em uma mesma palavra!).

Semana 48

Dia 1 – Data: ___/___/___

330. — NACIONALIDADE? — BRASILEIRA! — RESPONDEU ELE. (OU: "BRASILEIRO"?)

Como o **adjetivo** se refere à palavra "nacionalidade", deve concordar com este **substantivo**:

Nacionalidade: "brasileira", anotou ele no formulário.

Naturalmente, é aceitável a concordância implícita, ou seja, "brasileiro"; questiúncula, como queiram, porém é importante ficar atento ao contexto de uso.

Dia 2 – Data: ___/___/___

331. SUBSTÂNTIVO OU SUBSTANTIVO? (PAROXÍTONA OU PROPAROXÍTONA?)

O acento errôneo em "substântivo" provavelmente provém da memória visual: o leitor transfere o acento de "substância", por exemplo, para "substântivo".

Basta dizer que a **sílaba tônica** é "ti" (subs-tan-ti-vo); trata-se, portanto, de uma **paroxítona** terminada em "o(s)", que, como já vimos, não se acentua (acentuam-se, sim, as **oxítonas** com essa mesma terminação).

Dia 3 – Data: ___/___/___

332. SUICIDAR OU SUICIDAR-SE?

Compare:

> Ele matou o inimigo.
>
> Ele se matou. (isto é, a si mesmo)

O recipiente, isto é, aquele que sofre a ação verbal (ser morto) é, no primeiro caso, "o inimigo"; no segundo, a própria pessoa que pratica a ação.
Como, na palavra "suicidar-se", "sui" já indica esse sentido ("a si mesmo"), alguns veem aí uma condenável redundância ("sui" + "-se"), já que não podemos dizer, por exemplo, "Ele suicidou o inimigo"; trata-se, porém, de uma construção perfeitamente aceita na língua portuguesa, de tradição antiga.

> Depois de um longo ciclo de recaídas em estado depressivo, por fim *se suicidou.*

Apenas a título de curiosidade, no Espanhol existe o verbo "morrer-se" ("murir-se"), nitidamente inaceitável em português.

Dia 4 – Data: ___/___/___

333. NORTE, SUL, LESTE, OESTE (INICIAIS MAIÚSCULAS OU MINÚSCULAS?)

Quando designa as regiões do Brasil, vêm, em geral, em maiúsculas:

> A região *Sul* do Brasil visava à separação do restante do país. (ou: sul)

Quando designa os pontos cardeais, as maiúsculas são obrigatórias:

> Os pontos cardeais são quatro: *Norte, Sul, Leste* e *Oeste.*

Quando designam limite geográfico ou direção, as minúsculas são obrigatórias.

No *sul* de Minas Gerais faz invernos rigorosos.

Dirigiu, por muitos dias, de *leste* a *oeste* nos Estados Unidos.

Dia 5 – Data: ___/___/___

334. TACHADO OU TAXADO?

TACHADO → impor a alguém uma qualidade (**particípio** do **verbo** "tachar"):

Ele foi injustamente *tachado* de alienado por não gostar de expor seus pontos de vista.

TAXADO → que recebeu taxa (imposto, tarifa, etc.) (**particípio** de "taxar"):

O aluguel não estava caro em si, mas a *taxa* de condomínio estava abusiva.

Observação: Atente para a grafia de "taxativo" (isto é, categórico, não aberto a discussão, objeção, etc.): "O professor foi *taxativo* quando afirmou que não aceitaria contestações ao gabarito".

Dia 6 – Data: ___/___/___

335. TÃO POUCO OU TAMPOUCO?

TÃO POUCO → muito pouco (duas palavras):

Comeu *tão pouco* ao jantar! Penso que está doente.

Estudou *tão pouco*, no entanto conseguiu aprovar-se.

TAMPOUCO → nem, também não:

Ele não colaborará, nem *tampouco* eu.

Não pretendo votar, *tampouco* fazer campanha.

Observações:

1ª) Apesar da grafia, "tampouco" (uma palavra) pronuncia-se "tão pouco" (aliás, só existe esta última grafia em Portugal, com hífen "tão-pouco").

2ª) Não obstante o sentido, não há erro em se empregarem as conjunções "e" ou "nem" antes de "tampouco", como no penúltimo exemplo: "Ele não pretende ir, e/ nem *tampouco* eu".

Dia 7 – Data: ___/___/___

336. TELEVISÃO A CORES (OU: "EM CORES?")

Por analogia, "em cores":

Comprou um aparelho de TV *em* cores. (não se diz: "TV *a* preto e branco")

Há, no entanto, generalizada aceitação pela expressão "a cores", que, inclusive, é a mais usual em Portugal. Use, pois, com cautela.

Semana 49

Dia 1 – Data: ___/___/___

337. TEM OU TÊM?

O **verbo** "ter" recebe **acento diferencial** na terceira pessoa do plural, para se distinguir da terceira pessoa do singular:

Ele *tem* cabelos muito bonitos.
Elas *têm* olhos azul-claros.

Verbos derivados de "ter", tais como "con*ter*", "de*ter*", "re*ter*", etc. levam acento agudo na terceira pessoa do singular e circunflexo na terceira pessoa do plural:

ele detém/ eles detêm; contém/ contêm; retém/ retêm, etc.

Dia 2 – Data: ___/___/___

338. TENHO CERTEZA QUE... (OU: "TENHO CERTEZA DE QUE..."?)

As **orações substantivas completivas nominais** são introduzidas pela **conjunção integrante** "que"; esta, por sua vez, via de regra, é precedida da **preposição** que normalmente acompanham os **substantivos abstratos** que as regem:

Tenho certeza *de* que ele compreenderá. (quem tem certeza, tem certeza <u>de</u> algo)

Assim também:
Estou certo *de* que ele compreenderá. (estou certo disso; <u>de</u> + isso)
Ele tinha medo *de* que não o compreendessem. (quem tem medo, tem medo <u>de</u> algo/ alguém)

As construções sem **preposição** são amplamente difundidas modernamente e abonadas por bons escritores e mesmo por alguns gramáticos.

Tenho certeza *que* ele compreenderá.

Dia 3 – Data: ___/___/___

339. TENHO DE ESTUDAR (OU: "TENHO QUE ESTUDAR"?)

Não obstante a insistência em se sistematizarem regras, é simples: ambas as construções são possíveis, havendo preferência, na norma padrão, pela preposição "de":

Tenho *de* estudar este conteúdo com urgência. (ou: "... tenho que...")

Dia 4 – Data: ___/___/___

340. TI OU TÍ (COM OU SEM ACENTO?)

Acentuam-se **monossílabas tônicas** apenas quando terminadas em "a", "e", "o", seguidas ou não de "s"; as terminadas em "i" nunca são acentuadas:

Gostaria de pedir algo a *ti*. Espero que possas me ajudar.

Não me trates assim, pois gosto muito de *ti*.

Observação: Também não se acentuam as **monossílabas tônicas** terminadas em "u(s)": cr*u*, m*u* (muar), n*u*, t*u*, etc.

Dia 5 – Data: ___/___/___

341. TINHA PAGO (OU: "TINHA PAGADO"?)

O **verbo** "pagar" possui os **particípios** "pago" e "pagado". Via de regra, depois dos **verbos auxiliares** "ter" ou "haver", usa-se o **particípio regular** (em geral, terminado em "–ado" ou "–ido"):

Ele ainda não havia *pagado* a conta.

Eu tinha *pagado* a conta, mas recebi uma cobrança.

Depois dos **auxiliares** "ser" e "estar", emprega-se, normalmente, o **particípio irregular** (ou seja, a forma mais "curta"):

A conta foi/ estava *paga*. (mas não: ~~pagada~~)

Note-se, entretanto, que tem havido ampla aceitação do **particípio irregular**, independentemente dos auxiliares empregados; assim se reescrevem então os dois primeiros exemplos:

Ele não havia *pago* a conta.

Eu não tinha *pago* a conta...

Empregue com cautela, atentando-se sempre no contexto.

Dia 6 – Data: ___/___/___

342. TODO MUNDO SABE (OU: "TODO O MUNDO SABE")?

A rigor, na norma culta, quando se quer dizer "todas as pessoas", diz-se:

Todo *o* mundo já sabe o que aconteceu, menos você...

... porque equivale a "*O* mundo todo já sabe...".

Essa não é, na prática, o uso generalizado no português brasileiro moderno, no qual se elimina o **artigo**:

Todo mundo só quer ser feliz e ter um pouco de paz.

A justificativa de que deveríamos nos basear em outras línguas, nas quais o **artigo** é obrigatório (por ex.: "tout *le* monde", do francês; ou "todo *el* mundo", do espanhol) é discutível do ponto de vista da linguística.

Para a gramática normativa, trata-se de um ponto impositivo: o correto é "todo *o* mundo" e não há discussão.

Dia 7 – Data: ___/___/___

343. TRÁS OU TRAZ?

TRÁS → correlacione a "atrás", "detrás", "por trás", etc.

Vamos todos nos unir e não deixemos ninguém para trá*s*.

TRAZ → trata-se de flexão do **verbo** "trazer", de onde, naturalmente, conserva o "z":

Todos os dias ele tra*z* flores para a namorada.

BIZU → Atente para a grafia de "tra*s*eiro", obviamente relacionada a "trás".

Semana 50

Dia 1 – Data: ___/___/___

344. TRATA-SE DE QUESTÕES COMPLEXAS (OU: "TRATAM--SE..."?)

Verbos transitivos indiretos + "-se" (índice de indeterminação do sujeito) ficam sempre no singular:

Trata-se de questã*o*/ questõ*es* complex*a(s)*.

O plural só se justifica quando o **verbo** é **transitivo direto**:

Analisav*a*-se uma questã*o* complexa.

Analisava*m*-se questõ*es* complexa*s*.

Justificativa: nos dois últimos exemplos, é possível a conversão para a **voz passiva analítica**:

Uma questão complexa *era analisada.*

Questões complexas *eram analisadas.*

Não é possível dar tal versão ao primeiro exemplo, por se tratar, como já vimos, de **verbo transitivo indireto**.

Observação: Do ponto de vista linguístico, tal concordância é discutível, porém a única ainda oficialmente "aceita" é a proposta pela gramática normativa, cuja explicação é **diacrônica** (isto é, baseando-se em estágios/estádios passados da língua).

Dia 2 – Data: ___/___/___

345. TU ESTIVESTE OU TU ESTIVESTES?

Dúvida bastante comum, deve-se, provavelmente, à influência do "s" próprio da segunda pessoa do singular, no **presente do indicativo**:

tu fala*s*, ama*s*, corre*s*, vê*s*, parte*s*... (aqui, o "s" é de singular)

"Estiveste" é uma forma do **pretérito perfeito do indicativo**; neste tempo e modo, "tu" não recebe "s", mas sim "vós":

Pret. perf. do ind.: eu estive, tu estiveste, ele esteve, nós estivemos, vós estiveste*s*, eles estiveram

BIZU → Neste último caso, o "s" indica plural (associação: "vós" é a segunda pessoa do plural).

Dia 3 – Data: ___/___/___

346. TU OU TÚ (COM OU SEM ACENTO?)

Acentuam-se **monossílabas tônicas** apenas quando terminadas em "a", "e", "o", seguidas ou não de "s" (l*á*, *vá*, tr*ás*, l*ê*, v*ê*, v*ês*, p*ó*, v*ó*, v*ô*, etc.); as terminadas em "u" nunca devem ser acentuadas:

cr*u*, n*u*, m*u*, t*u*, etc.

Observação: Nem tampouco se acentuam as terminadas em "i" (nunca, sem exceção) (l*i*, v*i*, t*i*, s*i*, etc.).

Dia 4 – Data: ___/___/___

347. UM ENXAME DE INSETOS DEVOROU A PLANTAÇÃO (OU: "... DEVORARAM"?)

Pode-se fazer a **concordância** com o **substantivo coletivo** ("enxame") que, embora encerre ideia de plural, está no singular; ou pode-se fazê-la com a palavra mais próxima (com o determinante "de insetos"):

Um enxame de insetos *devorou* a plantação. (construção tradicional)

Um enxame de insetos *devoraram*...
(concordância atrativa, com o elemento mais próximo)

Outros exemplos (em primeiro lugar, a forma preferencial):

Uma manada de búfalos *destruiu/ destruíram* as plantações.

Uma junta de médicos *julgará/ julgarão* o processo.

Dia 5 – Data: ___/___/___

348. UM TERÇO DOS ALUNOS REPROVOU. (OU: "REPROVARAM"?)

Um terço de determinada quantidade encerra uma ideia de plural, mas a palavra "terço" em si está no singular; por isso são possíveis duas **concordâncias**:

Um terço dos alunos *reprovou*. (concordando no singular, com "terço")

Um terço dos alunos *reprovaram*. (concordando no plural, com "alunos")

Note-se, a propósito, que é possível "decompor" a expressão, o que justifica a concordância geralmente recomendada pela gramática normativa (no singular):

Dos alunos, um terço *reprovou*. (isto é, "... um terço [deles] reprovou")

Dia 6 – Data: ___/___/___

349. VÁ EMBORA, JÁ TE PEDI! (OU: "VAI"?)

Deve-se escrever/ falar:

Vá embora, eu já *lhe* pedi/ pedi a *você*.
Vai embora, eu já *te* pedi/ a *ti*.

No segundo exemplo, o ouvinte está sendo tratado pela forma "tu". Para obtermos o **imperativo afirmativo** de "tu", conjugamos o **verbo** no **presente do indicativo** e "cortamos" o "s" da conjugação:

Pres. do ind.: eu vou, tu vais...

PORTANTO:

Vai embora, eu já te pedi. (*Vai* [tu]...)

O mesmo procedimento adotamos para a pessoa "vós":
Pres. do ind.: eu vou, tu vais, ele vai, nós vamos, vós ides, eles vão.
Cortando o "s", obtemos:

— *Ide* em paz! — diz o padre no final da missa.
— *Ide* e pregai o evangelho a todos! — bradou o missionário.

As outras **pessoas**, obtemo-las do **presente do subjuntivo**, sem qualquer alteração:

Pres. do subj.: (que) eu vá, que tu vás, que ele vá, que nós vamos, que vós vades, que eles vão

Assim fica a conjugação completa de "ir", no **imperativo afirmativo**:
Imp. afirm.: vai (tu), vá (você), vamos (nós), ide (vós), vão (vocês)

Dia 7 – Data: ___/___/___

350. VADEAR OU VADIAR?

VADEAR → atravessar a pé por águas rasas (passar a vau):

> Como aparentemente o lago não era profundo, vad*e*ou hesitante até a outra margem.

VADIAR → vaguear, ficar à toa (em geral, conotação negativa, associada a "vadiagem"):

> Todo o dia, vad*i*ou sem fazer nada, apenas divertindo-se.
> "Eu fui feita pra vad*i*ar", dizia a letra do velho samba.

Semana 51

Dia 1 – Data: ___/___/___

351. VAMOS COMER GENTE! & VAMOS COMER, GENTE! (HÁ DIFERENÇA?)

Grande diferença! Suponhamos os seguintes contextos:

Contexto 1: O marido põe a mesa e convida mulher e filhos:

> Vamos comer, gente? ("gente", gramaticalmente, é **vocativo**)

Contexto 2: Velho clichê dos canibais cozinhando um "caraíba" dentro de um caldeirão:

> Vamos comer gente! ("gente" é a coisa a ser comida; gramaticalmente, **objeto direto**)

BIZU → O **vocativo** é sempre isolado por vírgula(s); já o **objeto direto** nunca pode ser isolado por vírgula do **verbo** a que se associa (a não ser em caso de intercalação).

Dia 2 – Data: ___/___/___

352. VIAGEM OU VIAJEM?

VIAGEM (com "g") → trata-se do **substantivo**:

> Espero que vocês tenham feito uma boa via*g*em!
> "Boa via*g*em!", disseram eles, na despedida.

VIA*J*EM (com "j") → trata-se de uma **flexão** do **verbo** "viajar":

Espero que vocês via*j*em confortavelmente.

Para que vocês via*j*em sem preocupações, é necessário planejamento.

Dia 3 – Data: ___/___/___

353. VIERAM OS POLICIAIS, CONTERAM E DETERAM O LADRÃO. (ESTÁ CERTO?)

"Con*ter*" e "de*ter*" são ambos **verbos derivados** de "ter" e, portanto, conjugam-se igual; se eu digo "eu tenho", direi "eu de*tenho*", "tu tens"/ "tu de*téns*", e assim por diante.

Portanto, está errado; corrija-se para:

Vieram os policiais, *contiveram* e *detiveram* o ladrão.

A propósito, a detenção foi possível porque os policiais intervi*e*ram (e não: "interviram", erro bastante comum).

Dia 4 – Data: ___/___/___

354. VIMOS OU VIEMOS?

VIMOS → é forma do **presente do indicativo**:

Pres. do ind.: eu venho, tu vens, ele vem, nós vimos, vós vindes, eles vêm

VIEMOS → **pretérito perfeito**:

Pret. perf. do ind.: eu vim, tu vi*e*ste, ele veio, nós vi*e*mos, vós vi*e*stes, eles vi*e*ram

Confrontem-se:

Vimos aqui agora porque precisamos conversar com o senhor.

Ontem *viemos* aqui procurá-lo, mas não o encontramos.

Dia 5 – Data: ___/___/___

355. VIRTUOSE OU VIRTUOSO?

VIRTUOSE → diz-se daquele que é exímio, isto é, extremamente hábil em alguma coisa, por exemplo, um talento:

O cantor estadunidense Billy Joel é um *virtuose* no piano.

VIRTUOSO → diz-se de uma pessoa dotada de grandes virtudes:

Muito *virtuoso* que era, acabou optando por se tornar um monge.

Dia 6 – Data: ___/___/___

356. VIVA OS NOIVOS! (OU: "VIVAM..."?)

Modernamente, "viva" (sempre no singular):

Viva o aniversariante!

— *Viva* os noivos! — gritaram todos em uníssono.

Há quem proponha o plural, porque ocorreria aí o **verbo** "viver", que concordaria normalmente com o **sujeito** (sublinhado):

Vivam <u>os noivos</u>! (isto é, "que os noivos *vivam*... felizes")

Este sentido, porém, obliterou-se na língua atual, e o **verbo** passou a ser interpretado como **interjeição** (primeiros exemplos), daí não haver mais justificativa para o plural.

Dia 7 – Data: ___/___/___

357. VOCÊ DEVE PEDI-LA EM CASAMENTO. (OU: "... PEDIR--LHE"?)

"Pedir", quando complementado por pessoa, é **verbo transitivo indireto**, portanto rege a **preposição** "a":

Você deve pedir *a ela* em casamento. (ou: "pedir-lhe")

Quando o complemento se refere a coisa, é **transitivo direto**:

A autorização, você deve pedi-*la* ao chefe. ("-la" se refere à autorização)

Note-se, a propósito, a substituição do **objeto indireto** no último exemplo:

A autorização, você deve pedi-la *a ele*. (ou: "pedir-*lhe*", deixando implícito o **objeto direto**)

Semana 52

Dia 1 – Data: ___/___/___

358. VOCÊ ESTUDOU; NÃO HÁ, POIS, MOTIVO PARA PREOCUPAÇÃO. ("POIS" ENTRE VÍRGULAS?)

Confronte-se:

Você estudou, portanto não há motivo para preocupação.

A posição das **conjunções coordenativas** é, geralmente, introduzindo o novo **período**:

Você estudou, / *portanto* não há motivo para preocupação.

Algumas poucas **conjunções coordenativas** podem ser deslocadas dessa posição; neste caso, usamos ponto e vírgula no final do primeiro período e isolamos a **conjunção** com vírgula(s):

Você estudou; não há, *portanto*, motivo para preocupação. (posição intercalada)

Você estudou; não há motivo para preocupação, *portanto*. (posição final, menos comum)

A **conjunção** "pois", quando ocorre após o **verbo**, equivale a "portanto" e, por isso, pode vir isolada por vírgula(s):

Você estudou; não há, *pois*, motivo para preocupação. (intercalada)

Você estudou; não há motivo para preocupação, *pois*. (menos comum)

Antes do **verbo**, tem sentido explicativo:

Não há motivo para preocupação, *pois* (= porque) você não estudou.

BIZU → Em geral, as **conjunções coordenativas** (exceto "e" e "nem") são precedidas de vírgula (na posição habitual).

Dia 2 – Data: ___/___/___

359. VOCÊ REQUEREU SEU DIPLOMA? (HÁ RELAÇÃO COM "QUERER"?)

Não há qualquer relação com "querer" e está correto; trata-se de uma forma (**flexão**) do **pretérito**:

Pret. perf. do ind.: eu requeri, tu requereste, ele requereu, nós requeremos, vós requerestes, eles requereram
Pres. do subj.: (que) eu requeira, tu requeiras, ele requeira, nós requeiramos, vós requeirais, eles requeiram

Como as formas do **pretérito perfeito** podem soar "estranhas", em geral são substituídas por uma **perífrase** ou por **sinônimo**:

Eu *fiz o requerimento* da inscrição. (perífrase)
Eu *solicitei* a inscrição. (sinônimo)

Dia 3 – Data: ___/___/___

360. VÔO OU VOO? (ACENTUAÇÃO NOS HIATOS EE E OO)

Com o Novo Acordo, aboliu-se o acento, em todos os casos, nos hiatos "ee" e "oo":

abençoo (a-ben-ço-o), coo (co-o) (coar), doo (do-o) (doar), leem (le-em), creem (cre-em), veem (ve-em), etc.

Observação: Antes do Acordo vigente, o acento em "êe" e "ôo" induzia a equívocos de acentuação como "abençôe", "magôe", "perdôa", "perdôe", etc. (o acento era "transferido" das palavras com os referidos **hiatos**: "abençôo", "magôo").

Dia 4 – Data: ___/___/___

361. VOSSA MAJESTADE É (OU: "SOIS")?

"Vossa Majestade" é um **pronome de tratamento** de segunda pessoa, mas leva o **verbo** para a terceira pessoa:

"Vossa Majestade *é* muito justo/ a", disse o conselheiro ao rei/ rainha.

Usar "sois" no exemplo acima resulta da falsa associação da palavra "Vossa" com o **pronome pessoal reto** "vós"; não há relação.

Observação: Aproveitemos para nos lembrar de que usamos "Vossa" quando estamos falando com a pessoa e "Sua" quando estamos falando sobre a pessoa: "Vossa Excelência é muito prepotente", disse-me meu amigo, com o dedo em riste, no meu rosto"; "Meu caro, quando Sua Majestade souber o que você fez, vai mandá-lo para o calabouço".

Dia 5 – Data: ___/___/___

362. VOU A/À ITÁLIA... VOU A/À ROMA... (CRASE HÁ OU CRASE PRA QUÊ?)

Nomes de cidade, normalmente, não vêm acompanhados do **artigo definido** "a", por isso não ocorre **crase**:

Vou *a* Roma.

A palavra "Roma" não admite o **artigo** "a", como se pode verificar em "Estive em Roma"; já os nomes de países ou estados podem ou não receber o artigo "a":

Vou à Itália nas férias. (cf.: Estive n*a* Itália.)

Note-se, porém, que qualquer nome de cidade pode ser precedido de "a" craseado, desde que venha **determinado**:

Seu sonho era viajar à Roma <u>dos Césares</u>.
Viajou à <u>velha</u> Nova Iorque nas férias.
Foi à Buenos Aires <u>do tango</u> a trabalho.
Quando foi à São Paulo <u>da garoa</u>, ficou encantada.

Dia 6 – Data: ___/___/___

363. VULTOSO (-TO) OU VULTUOSO (TU-O)?

VULTOSO → de grande vulto, isto é, monta, volume:

Gastou um montante vultoso de dinheiro com mobília para sua nova casa. (vul-<u>to</u>-so)

VULTUOSO → acometido por congestão facial:

Seu rosto *vultuoso* era sinal de que havia tido uma das suas terríveis crises alérgicas. (vul-*tu*-o-so)

Dia 7 – Data: ___/___/___

364. ZANGÃO OU ZÂNGÃO? (OXÍTONA OU PAROXÍTONA?)

Tanto faz; há, porém, nítida recorrência da forma **oxítona**:

A abelha macho/ a (ou: "o macho da abelha") é também denominado/ a "zangão". (zan-<u>gão</u>)

Como **paroxítona**, "zângão" (zân-gão) é pouco frequente no português brasileiro, assim como "frângão", forma que o uso substituiu habilmente por "frango".

Dia 8 – Data: ___/___/___

365. ZENITE OU ZÊNITE? (PAROXÍTONA OU PROPAROXÍTONA)

Esta palavra, do campo da astronomia, em sentido figurado, significa "ápice" (apogeu, auge), e deve ser empregada como **proparoxítona** (portanto, com acento):

Quando atingiu o *zênite* de sua carreira, recebeu diversas homenagens e honrarias. (<u>zê</u>-ni-te)

Seu curioso **antônimo** é "nadir" (oxítona: na-<u>dir</u>).

<u>Observação:</u> Você já sabe, mas convém relembrar: todas as palavras **proparoxítonas** devem ser acentuadas, sem exceção.

BIZU → "Zênite", **proparoxítona**, com acento, como seu **sinônimo** "ápice" (<u>á</u>-pi-ce).

TESTES DE VERIFICAÇÃO DE PROGRESSO

Sugestão: Fazer os exercícios a seguir após completar a leitura de cada semana.

Grife com um traço a opção correta (havendo mais de uma possibilidade, grife a opção preferencial, dominante (ou taxativamente prescritiva) com dois traços:

SEMANA 1

1. Os cadernos custaram ***(caro/ caros)***.
2. A edição ***(à/ a)*** que você se refere está esgotada.
3. A edição ***(à/ a)*** qual você se refere está esgotada.
4. Esta universidade oferece cursos ***(à/ a)*** distância.
5. Observávamos a cena ***(à/ a)*** distância.
6. ***(Agente/ A gente)*** precisa chegar a um consenso.
7. O ***(agente/ a gente)*** secreto desvendou o caso.
8. A Maria, ***(dei/ dei-lhe)*** um rico presente.
9. A maioria dos alunos ***(faltou/ faltaram)***.
10. Dei um rico presente ***(à/ a)*** Maria.

SEMANA 2

1. ***(A/ ao)*** meu ver, essa teoria é falsa.
2. Falo ***(no que se refere a/ a nível de)*** Brasil, não globalmente.
3. Iremos ***(à/ a)*** festa de formatura.
4. Não gosto de ir ***(à/ a)*** festas de formatura.
5. A reunião encerrou-se ***(a/ há)*** duas horas.

6. A reunião começará daqui ***(a/ há)*** um hora.
7. Dizia a bula: "***(A/ Ao)*** persistirem os sintomas, procure orientação médica."
8. ***(A presidente/ A presidenta)*** renunciou ao mandato.
9. ***(A/ Em)*** princípio hesitou, mas no fim concordou com a ideia.
10. ***(A/ Em)*** princípio, essa teoria é sustentável.

SEMANA 3

1. O policial os ***(prendeu/prenderam)***.
2. A prova estava difícil ***(porém, / , porém)*** tirei boa nota.
3. Eu me referia ***(à/ a)*** sua colega de trabalho.
4. Eu me referia a minha colega, não ***(à/a)*** sua.
5. Os turistas desembarcavam e iam ***(à/ a)*** terra ao longo da costa.
6. A espaçonave abortou a missão e regressou ***(à/ a)*** Terra.
7. Eles se desavinham ***(à/ a)*** toa, por coisa ***(à/ a)*** toa.
8. A aula começará ***(à/ a)*** uma, não ***(às/as)*** duas da tarde.
9. A chefe olhou-a de cima ***(abaixo/ a baixo)***, desdenhosamente.
10. Assinale seu nome na relação ***(abaixo/ a baixo)***.

SEMANA 4

1. Não nos referimos aos povos indígenas como ***(aborígenes/ aborígines)***.
2. Devido à inconsistência das provas, teremos de ***(absolver/ absorver)*** o réu.
3. Se não nos ***(abstermos/ abstivermos)*** de nossos vícios, sucumbiremos a eles.
4. No acampamento, ***(acendemos/ ascendemos)*** uma fogueira para nos aquecermos.
5. Seu grande desejo era ***(acender/ ascender)*** socialmente na vida.
6. Com licença, senhora, este ***(acento/ assento)*** está disponível?
7. Todos estavam falando ***(a cerca/ acerca)*** da tragédia que comoveu o país.

8. Isso aconteceu faz algum tempo, ***(a cerca/ há cerca)*** de um ano.

9. O governo ***(acreano/ acriano)*** não concorda com a mudança ortográfica.

10. O povo ***(brasileiro/ Brasileiro)*** está cansado de reformas inúteis.

SEMANA 5

1. Ele tentava, em vão, ***(advinhar/ adivinhar)*** a senha do cofre.
2. Você estaria ***(a fim/ afim)*** de sair comigo no fim de semana?
3. ***(Agradecemo-lhe/Agradecemos-lhe)*** por sua incansável dedicação.
4. ***(Amamo-nos/ Amamos-nos)*** muito, pois nós nos queremos bem.
5. Peço que você ***(aja/ haja)*** com prudência neste delicado caso.
6. ***(Aja/ Haja)*** o que houver, ***(aja/ haja)*** com bom senso.
7. Alguns de nós ***(serão/ seremos)*** eleitos pelos alunos.
8. Quem de vocês ***(sabe/ sabem)*** a resposta para esta questão?
9. Antes de ***(alisar/ alizar)*** o cabelo, leia cuidadosamente as instruções.
10. Os professores farão uma ***(paralisação/ paralização)*** nacional.

SEMANA 6

1. Hoje ***(dir-te-ei/ te direi)*** tudo o que sei.
2. ***(Dir-te-ei/ Te direi)*** tudo que sei, um dia.
3. "Feliz ***(Ano-Novo/ Ano Novo)***!", dizia o cartão que recebi.
4. Não tenho grandes expectativas para o (Ano-Novo/ ano novo).
5. A ***(Antártica/ Antártida)*** é um continente gigantesco.
6. O período ***(antediluviano/antidiluviano)*** remonta aos tempos bíblicos.
7. ***(Ao invés/ Em vez)*** de reclamar, agradeceu.
8. Ia reclamar, mas, ***(ao invés/ em vez)***, agradeceu.
9. O poeta clama a Deus pelos escravos na(o) ***(apóstrofe/ apóstrofo)*** do poema.

10. Esta palavra deve ser grafada com ***(apóstrofe/ apóstrofo)***.

SEMANA 7

1. Este é o aluno com ***(cujos pais/ cujos os pais)*** conversei.
2. Esta é a mulher ***(cujas filhas dela/ cujas filhas)*** foram presas.
3. Gosto mais de álgebra do que de ***(aritmética/ arititmética)***.
4. Ele gosta de criar ***(empecilhos/ impecilhos)*** à toa.
5. Este filme de terror me faz ***(arrepiar/ arripiar)*** de medo.
6. Diz-se que ele era um homem de caráter ***(arrevesado/ arrevezado)***.
7. Não acredito nos argumentos ***(arrevesados/ arrevezados)*** dele.
8. Os meninos estavam ***(entretidos/ intertidos)*** com a televisão.
9. A aula começa ***(às quinze/ aos quinze)*** para uma.
10. Em momento ***(asado/ azado)***, discutiremos o problema.

SEMANA 8

1. Como religioso, aspirava a uma vida ***(ascética/ asséptica)***.
2. Somente em condições rigorosamente ***(ascéticas/ assépticas)*** podemos fazer a cirurgia.
3. Você ainda não assistiu ***(o/ ao)*** novo filme de Spielberg?
4. Quando ***(assoar/ assuar)*** o nariz, tome cuidado.
5. A plateia começou a ***(assoar/ assuar)*** quando o ator errou o texto.
6. O professor assinalou meu nome com um ***(asterístico/ asterisco)***.
7. Uso óculos porque sofre de ***(astigmatismo/ estigmatismo)***.
8. Atente-se ***(às/ nas)*** dicas que daremos na aula de hoje.
9. O avião não ***(aterrissou/ aterrou)*** pontualmente no aeroporto.
10. O acidente aconteceu durante a ***(amerrissagem/ amerissagem)*** do hidroavião.

SEMANA 9

1. Segue, não olhes para ***(trás/ traz)***.
2. Este ano nos ***(trás/ traz)*** muitas novidades.
3. Preciso ***(avisá-los/ avisar-lhes)*** do novo regulamento.
4. Quem nasce na Bahia, naturalmente, é ***(baiano/ bahiano)***.
5. A ***(baía/ Bahia)*** de Todos-os-Santos é belíssima.
6. Já ***(basta/ bastam)*** de reclamações. Tomaremos providências.
7. Cem reais ***(basta/ bastam)*** para as compras.
8. Havia ***(bastante/ bastantes)*** alunos em sala de aula.
9. As provas não foram consideradas ***(bastante/ bastantes)*** para incriminá-lo.
10. "Seja ***(bem vindo/ bem-vindo)***", dizia a placa à entrada da cidade.

SEMANA 10

1. A igreja do bairro promoveu uma festa ***(beneficente/ beneficiente)***.
2. Usava sapatos ***(à/ a)*** Luís XV e gostava de bife ***(à/ a)*** cavalo.
3. Meus dois gatos ***(cinza/ cinzas)*** se chamam Tico e Teco.
4. ¾ ***(Boa noite/ Boa-noite)***!" ¾ disse ela, cumprimentando-nos.
5. Vocês tiveram uma ***(boa noite/ boa-noite)***, dormiram bem?
6. Os pais não aceitavam sua vida ***(boemia/ boêmia)***.
7. Queria viver na ***(boemia/ boêmia)***, mas os pais não aprovavam.
8. Já marquei um horário no ***(cabeleleiro/ cabeleireiro)***.
9. "Quem não tem cão, ***(caça/ cassa)*** com gato", diz o ditado.
10. Vão ***(caçar/ cassar)*** o mandato do prefeito, pois está envolvido em corrupção.

SEMANA 11

1. Cada um dos professores o ***(cumprimentou/ cumprimentaram)***.
2. O suco de ***(caju/ cajú)*** é delicioso e refrescante.
3. Ganhei de presente duas gravatas ***(verdes-olivas/ verde-oliva)***.
4. As crianças ***(surdo-mudas/ surdas-mudas)*** requeriam atenção especial.
5. Onde fica o ***(campus/ câmpus)*** da universidade?
6. O cantor ***(belga/ belgo)*** cantava em inglês e francês.
7. Quando ficaram frente ***(à/ a)*** frente, abraçaram-se calorosamente.
8. O rapaz tinha belos cabelos ***(castanhos-claros/ castanho-claros)***.
9. Não como camarão, nem tampouco ***(caranguejo/ carangueijo)***.
10. Uma parte dos professores ***(desaprovou/ desaprovaram)*** a ata.

SEMANA 12

1. Cem reais não ***(basta/ bastam)***. ***(É/ São)*** pouco.
2. Cerca de trinta pessoas ***(participou/ participaram)*** do debate.
3. A ***(cerração/ serração)*** impõe perigo para os motoristas.
4. Os espanhóis ainda praticam a ***(cesta/ sesta)*** após o almoço.
5. Havia algumas frutas murchas na ***(cesta/ sexta)***.
6. ***(Chácaras/ Xácaras)*** são tipos de versos populares.
7. Havia na ***(chácara/ xácara)*** todo tipo de fruta que se podia imaginar.
8. Quando chegou ***(à/ a)*** noite, as cigarras pararam de cantar.
9. Quando o rapaz chegou ***(à/ a)*** noite, foi direto para a cama.
10. Quando chegamos ***(a/ à/ em)*** casa, já se fazia tarde.

SEMANA 13

1. Uma forte chuva de ***(granito/ granizo)*** atingiu o litoral.

2. Preencheu o cheque no valor de ***(cincoenta/ cinquenta)*** reais.

3. Ela é bem jovem; tem ***(catorze/ quatorze)*** anos apenas.

4. O imigrante ***(círio/ sírio)*** vive agora no Rio de Janeiro, Brasil.

5. A moça sentia ***(ciúme/ ciúmes)*** do namorado.

6. A estudante de Direito optou pelas causas ***(civis/ cíveis)***.

7. Pedi que conversasse ***(com nós/ conosco)*** dois a respeito do assunto.

8. Por que você não vem à praia ***(com nós/ conosco)*** nas férias?

9. O novo ***(editor-chefe/ editor em chefe)*** já assumiu o cargo.

10. ***(Ambos/ Todos os dois)*** foram penalizados pelo diretor.

SEMANA 14

1. Pediu ao garçom que lhe servisse ***(um/ uma)*** omelete.

2. ***(A/ O)*** dengue é um problema de saúde pública no Brasil.

3. Convidou o amigo para lhe fazer ***(compania/ companhia)***.

4. Qual é o ***(comprimento/ cumprimento)*** destes postes de iluminação?

5. O trabalhador era zeloso no ***(comprimento/ cumprimento)*** de seus deveres.

6. O que ***(contém/ contêm)*** estas latas, saberia me dizer?

7. "Cuidado: este produto ***(contém/ contêm)*** glúten," advertia o rótulo.

8. Já compreendi, e me conformei, que todos estão contra ***(eu/ mim)***.

9. "***(Contrata-se/ Contratam-se)*** costureiras," lia-se no anúncio.

10. Vovó sentou-se no sofá e pôs-se a ***(coser/ cozer)*** a roupa rasgada.

SEMANA 15

1. ***(Custei a/ Custou-me)*** aceitar suas justificativas.

2. Sinto um dó ***(da/ dá)*** minha professora. Trabalha tanto!

3. A professora ***(da/ dá)*** muitas aulas para garantir seu sustento.

4. ***(Havia/ Haviam)***, no máximo, de sete ***(à/ a)*** dez pessoas em sala de aula.
5. A reunião foi marcada para ***(às/ as)*** onze da manhã.
6. ***(De repente/ Derrepente)***, desabou um tremendo temporal.
7. As aulas deste curso ocorrem de segunda ***(à/ a)*** sexta.
8. Dediquei toda a minha vida ***(àquele/ a aquele)*** trabalho ingrato.
9. Havia comido ***(demais/ de mais)***, por isso sentia-se mal.
10. Havia comida ***(demais/ de mais)***. Um desperdício!

SEMANA 16

1. Conto com sua ***(descrição/ discrição)***. Não diga nada a ninguém.
2. Naturalmente, um texto descritivo consiste em uma ***(descrição/ discrição)***.
3. Não seja uma pessoa ***(desenformada/ desinformada)***. Procure ler mais.
4. O médico receitou-me um remédio para ***(desinteria/ disenteria)***.
5. O rapaz obteve ***(despensa/ dispensa)*** do Exército devido a excesso de contingente.
6. Este foi um detalhe que me passou (desapercebido/ despercebido).
7. Era um bronco, ***(desapercebido/ despercebido)*** da mais elementar inteligência.
8. Não ***(destrate/ distrate)*** seus pais assim, pois é muito feio.
9. Espero que o locatário não ***(destrate/ distrate)*** o que já combinamos.
10. Ao contratorpedeiro, também o chamamos de ***(destróier/ destroier)***.

SEMANA 17

1. A jovem ***(deu à luz o/ deu a luz ao)*** primeiro filho.
2. O que você faz no seu ***(dia-a-dia/ dia a dia)***?
3. ***(Dia a dia/ Dia-a-dia)***, ele se tornava mais inteligente.
4. O presidente é o mais excelso ***(dignatário/ dignitário)*** da política.
5. ***(Diria-se/ Dir-se-ia)*** que tudo não passou de um mal-entendido.

6. Eu simplesmente não consigo ***(disfarçar/ disfarsar)*** minha impaciência.

7. — Venha aqui imediatamente ¾ disse ele ***(à/ a)*** secretária.

8. — Já vou, patrão ¾ disse-lhe ***(à/ a)*** secretaria, educadamente.

9. O prêmio, gostaria de ***(dividí-lo/ dividi-lo)*** com todos vocês.

10. Foi necessário ***(atraí-lo/ atrai-lo)*** para uma emboscada.

SEMANA 18

1. ***(Dois/ Duas)*** milhões de pessoas morreram na pandemia.

2. A ***(dona-de-casa/ dona de casa)*** não quer mais ser "do lar".

3. A açucena, ou ***(copo-de-leite/ copo de leite)***, é uma flor perfumada.

4. Tome um ***(copo-de-leite/ copo de leite)*** antes de se deitar.

5. Comprei ***(duzentos/ duzentas)*** gramas de mortadela.

6. É ***(necessário/ necessária)*** muita atenção neste procedimento.

7. É ***(necessário/ necessária)*** atenção para resolver o problema.

8. É ***(preciso/ precisa)*** atenção para não cometer nenhum erro.

9. ***(O/ A)*** cabeça da organização é uma mulher perigosíssima.

10. Ela ficou ***(toda/ todo)*** contente com o prêmio que ganhou

SEMANA 19

1. Minha mãe não ***(simpatiza/ se simpatiza)*** com meus amigos.

2. Ela não ajuda a ninguém ***(, e/ e)*** todos a bajulam.

3. O pai trabalha todos os dias ***(,e / e)*** a mãe cuida da casa.

4. Ela aspira ***(tornar-se/ a tornar-se)*** uma grande profissional.

5. Ele almejava ***(um/ por um)*** emprego melhor na firma.

6. Ela ***(assiste/ assisti)*** a novelas todos os dias, incansavelmente.

7. Meu pai ***(interveio/ interviu)*** e propôs um acordo.

8. Se ele não tivesse ***(intervido/ intervindo)***, ainda não teríamos resolvido.
9. Se eles ***(intervierem/ intervirem)***, o problema será solucionado.
10. Ele nem sequer se dignou ***(a/ de)*** cumprimentar-me.

SEMANA 20

1. Eles não se ***(precaveram/ precaviram)***, por isto não tinham dinheiro.
2. Ela nunca vai ***(à/ a)*** festas; prefere ir ***(à/ a)*** missa na igreja do bairro.
3. Normalmente não vai a reuniões, mas não falta ***(às/ as)*** reuniões do partido.
4. ¾ Eu quero ficar ***(a só/ a sós)***!, pessoal!" ¾ bradou ele, colérico.
5. Ela ainda não ***(reaveu/ reouve)*** o dinheiro que perdeu no investimento.
6. O elefante e a ***(elefanta/ elefoa)*** trabalhavam há muitos anos no circo.
7. Desde que se ***(desavieram/ desaviram)*** por dinheiro, não se falam mais.
8. Depois de ter-se ***(desavido/ desavindo)*** com os colegas, pediu demissão.
9. Seguem as cópias do documento solicitado ***(em anexo/ em anexos)***.
10. Seguem ***(anexo/ anexas)*** as cópias do documento solicitado.

SEMANA 21

1. Entraremos ***(de/ em)*** férias dentro de uma semana.
2. O mitológico navio ***(emergiu/ imergiu)***, matando muitos passageiros.
3. Os ***(emigrantes/imigrantes)*** estão seus países, fugindo das guerras.
4. Os nativos não aceitavam os ***(emigrantes/ imigrantes)*** como novos cidadãos.
5. A ***(enchente/ enxente)*** provocou ***(enchurradas/ enxurradas)*** terríveis.
6. O adjetivo ***(erbáceo/ herbáceo)*** se refere a ervas de modo geral.
7. "Entregamos ***(a/ em)*** domicílio", dizia o anúncio.
8. "Entrada ***(proibida/ proibido)***", podia-se ler no portão
9. "Entrada é ***(proibida/ proibido)***", lia-se no letreiro.

10. "É ***(proibida/ proibido)*** a entrada de estranhos", lia-se no aviso.

SEMANA 22

1. O cantor brasileiro, ***(erradicado/ radicado)*** nos Estados Unidos, fez muito sucesso.
2. Diz-se que a pólio, grave doença, foi ***(erradicada/ radicada)*** no Brasil.
3. A ***(delicadesa/ delicadeza)*** da ***(princesa/ princeza)*** conquistou-lhe amigos.
4. Era completamente avessa a explicações ***(esotéricas/ exotéricas)***, não científicas.
5. Os ***(espectadores/ expectadores)*** aplaudiam entusiasmados da plateia.
6. O moribundo, depois de muita agonia, finalmente ***(espirou/ expirou)***.
7. Fique atento à data em que o produto ***(espira/ expira)***, isto é, perde a validade.
8. Os telespectadores consideraram o filme ***(esplêndido/ explêndido).***
9. O ***(esplendor/ explendor)*** da procissão fascinava os ***(espectadores/ expectadores)***.
10. ¾ Eu ***(esqueci/ me esqueci)*** do compromisso ¾, disse ele.

SEMANA 23

1. ***(Lembrei-me/ Lembrou-me)*** de que um dia também fui criança.
2. Que vestido bonito ***(esse/ este)*** que você está usando!
3. — ***(Este/ Esse)*** vestido foi muito caro ¾ respondeu ela.
4. "Desejamos-lhe uma excelente ***(estada/ estadia)***," lia-se no anúncio do hotel.
5. Os produtos importados aguardavam nos navios durante longa ***(estada/ estadia)*** no porto.
6. Os convidados estavam sentados, famintos, ***(à/ a)*** mesa.
7. — Já falei para não se sentar ***(à/ na)*** mesa! ¾ reclamou o professor.
8. Ninguém estava ***(a/ ao)*** par de que as duas moedas estavam praticamente ***(a par/ ao par)***.

9. Felizmente, detectou-se a doença em ***(estádio/ estágio)*** inicial.

10. — Não pretendo me ***(estender/ extender)*** muito ¾ disse o professor.

SEMANA 24

1. Minha mãe sempre dizia: ¾ Essa ***(estória/ história)*** está mal contada!
2. ***(História/ história)*** é uma das disciplinas do Ensino Médio.
3. Heródoto é considerado o pai da ***(História/ história)***.
4. Estudo ***(a literatura/ as literaturas)*** brasileira e portuguesa.
5. O piloto tentou ***(esvasiar/ esvaziar)*** o tanque de combustível.
6. Teresa? Sim, eu ***(a conheço/ conheço ela)*** faz muitos anos.
7. As alunas? Sim, convidaram ***(-as/ -nas)*** para a festa.
8. É necessário que alguém ***(intermedeie/ intermedie)*** a negociação.
9. Será preciso que nós ***(intermedeiemos/ intermediemos)*** no impasse.
10. ¾ Eu ***(mesmo/ mesma)*** cuidarei disso pessoalmente ¾ disse Ana.

SEMANA 25

1. Com este calor tão forte, meu pai ***(soa/ sua)*** muito.
2. O sino ***(soa/ sua)*** na torre, indicando aos fiéis a hora da missa.
3. Se você espera obter ***(êxito/ hêsito)***, hão pode hesitar.
4. Para ***(extravasar/ extravazar)*** seus sentimentos, apela para a bebida.
5. Mês passado ***(falaram/ falarão)*** sobre este assunto na aula.
6. Os professores ainda ***(falaram/ falarão)*** sobre o assunto no futuro.
7. Quantos minutos ***(falta/ faltam)*** para a aula terminar?
8. ***(Faz/ Fazem)*** muitos dias que têm chovido aqui.
9. ***(Fará/ Farão)*** dias mais ensolarados, segundo a meteorologia.
10. Você sabe quantos graus ***(está/ estão)*** fazendo neste momento?

SEMANA 26

1. Beleza e ***(feiúra/ feiura)*** estão em polos opostos.
2. O rio ***(Guaíba/ Guaiba)*** situa-se no Rio Grande do Sul.
3. Nutria por seus desafetos um ódio ***(fidagal/ figadal)***.
4. Pego em ***(flagrante/ fragrante)***, na pôde negar.
5. As ***(florezinhas/ florzinhas)*** murcharam devido à sede.
6. "***(Mulherezinhas/ Mulherzinhas)***" é um romance literário.
7. O ***(fluido/ fluído)*** do isqueiro pode ser recarregado.
8. As coisas haviam ***(fluido/ fluído)*** exatamente como pensamos.
9. Bombou em português ***(por causa que/ porque)*** não estudou.
10. Cola implica ***(reprovação/ em reprovação)*** automática do aluno.

SEMANA 27

1. O ***(fusível/ fuzil)*** contém um mecanismo que protege o aparelho.
2. O soldado tomou um tiro de ***(fusível/ fuzil)*** na guerra.
3. Não se preocupe com dinheiro, é ***(de grátis/ grátis)***.
4. Algo por que não se paga, de graça, é ***(gratuito/ gratuíto)***.
5. Você ***(se gripa/ fica gripado)*** com muita frequência?
6. Não ***(havia/ haviam)*** muitas opções à nossa disposição.
7. — Hoje ***(é/ são)*** dez de maio ¾ disse a professora.
8. — Hoje ***(é/ são)*** dia dez de maio, professora? ¾ perguntou o aluno.
9. Hoje somos nós quem ***(sofre/ sofremos)*** com os erros dos outros.
10. Hoje sou eu que ***(enfrenta/ enfrento)*** as consequências.

SEMANA 28

1. Devido à ***(humidade/ umidade)***, o calor estava insuportável.
2. Procure ***(umedecer/ umedicer)*** o algodão antes de aplica-lo à ferida.
3. Os ***(iberos/*** íberos***)*** habitavam a antiga região da Ibéria.
4. Tive uma ***(ideia/ idéia)***. Por que não fazemos uma vaquinha?
5. A agulha estava presa numa pedra de ***(imã/ ímã)***.
6. O ***(ímã/ imã)*** era um sacerdote muito intransigente e temível.
7. A doença foi descoberta em estágio ainda ***(incipiente/ insipiente)***
8. Era um indivíduo ***(incipiente/ insipiente)***, desinteressado dos estudos.
9. A moça sofreu um ***(infarte/ infarto)*** ao receber a triste notícia.
10. ***(Infelismente/ Infelizmente)***, não posso lhe emprestar o dinheiro.

SEMANA 29

1. Quem ***(infligir/ infringir)*** as regras será punido severamente.
2. A quem cometer infração, será ***(infligida/ infringida)*** uma pena.
3. O diretor informou ***(aos/ os)*** professores da /sobre a greve.
4. O professor informou ***(aos/ os)*** alunos a greve.
5. Desculpe, não tive a ***(intenção/ intensão)*** de ser rude.
6. Neste ***(interim/ ínterim)***, decisões já haviam sido tomadas.
7. A questão pedia para marcar os pontos de ***(intercessão/ interseção)*** nas retas.
8. Rezava a todos os santos, rogando-lhes pela ***(intercessão/ interseção)*** deles.
9. Se os policiais não tivessem ***(intervido/ intervindo)***, teria havido grande confusão.
10. Ele foi ***(a/ para)*** São Paulo a trabalho, mas retorna em breve.

SEMANA 30

1. Este (***item/*** ítem) do formulário não precisa ser preenchido.
2. Os professores ameaçam ***(paralisar/ paralizar)*** as aulas.
3. É preciso ***(analisar/ analizar)*** o cenário com muita cautela.
4. — O dinheiro? Já ***(lhe o/ lho)*** devolvi ¾ disse ele.
5. O ***(jaboti/ jabuti)*** gosta de comer ***(jaboticaba/ jabuticaba)***.
6. O ***(juiz/ juíz)*** lerá a sentença ao fim do julgamento.
7. Os ***(juizes/ juízes)*** se uniram contra a máfia e a destruíram.
8. Não lave esta peça na máquina; lave-a ***(à/ a)*** mão.
9. Depois de terminar de comer, lave ***(às/ as)*** mãos.
10. Os manifestantes, os policiais ***(detiveram-os/detiveram-nos)***.

SEMANA 31

1. Não consigo mais ***(lidar/ lhe dar)*** com essa situação.
2. Ela cuidava com muito zelo suas belas ***(madeichas/ madeixas)***.
3. Um pneu ***(recauchutado/ recauxutado)*** é mais barato.
4. Mais de um professor ***(aderiu/ aderiram)*** à paralisação.
5. Mais de um professor se ***(agrediu/ agrediram)*** verbalmente na reunião.
6. O nome comercial da ***(maisena/ maizena)*** provavelmente é influência do espanhol.
7. Ele começou a se sentir ***(mal/ mau)*** logo depois de comer.
8. Ele estava se sentindo um homem ***(mal/ mau)*** com sua vigarice.
9. Criança ***(mal educada/ mal-educada)*** é uma coisa feia sim.
10. O atleta sentiu um leve ***(mal-estar/ mau-estar)*** antes da partida.

SEMANA 32

1. Já foi expedido um ***(mandado/ mandato)*** de busca e apreensão.
2. O ***(mandado/ mandato)*** de diretor dura quatro anos.
3. A ***(mantegueira/ manteigueira)*** está vazia. Compre mais manteiga.
4. Neste mundo, ainda há pessoas ***(más/ mas)***, ***(más/ mas)*** mantenho a esperança.
5. Procure estudar mais, ***(mas/ mais)*** não deixe de descansar.
6. — ***(Me dê/ Dê-me)*** licença, por favor ¾ disse ela, rispidamente.
7. Depois de tanto trabalhar, a mãe estava ***(meia/ meio)*** fadigada.
8. Depois de ***(meio/ meia)*** caipirinha, ela se sentia ***(meio/ meia)*** tonta.
9. ***(Era/ Eram)*** meio-dia e ***(meio/ meia)*** quando a reunião terminou.
10. O menino comia a ***(melância/ melancia)*** com muita ***(ganância/ ganancia)***.

SEMANA 33

1. Havia um ***(mendigo/ mendingo)*** esmolando próximo ao restaurante.
2. Há muita ***(mendicância/ mendincância)*** nas cidades do Brasil.
3. Havia ***(menos/ menas)*** pessoas do que esperávamos na festa.
4. — Peço a palavra, ***(Meretíssimo/ Meritíssimo)*** ¾ protestou o advogado.
5. Segundo a ***(meteorologia/ metereologia)***, haverá temporais no fim de semana.
6. Tenho antepassados em Portugal. Sou, portanto, de ***(ascendência/ descendência)*** portuguesa.
7. Precisamos preparar agora o mundo que deixaremos para nossos ***(ascendentes/ descendentes)***.
8. — Você está ***(mechendo/ mexendo)*** com a pessoa errada ¾ bradou a moça.
9. Os animais ***(, que são seres irracionais, / que são seres irracionais)*** guiam-se por instintos.
10. Os animais ***(, que trabalham no circo, / que trabalham no circo)*** são, às vezes, explorados.

SEMANA 34

1. Podia-se notar em sua expressão fisionômica um ***(misto/ mixto)*** de medo e desejo.
2. A palavra ***(mortadela/ mortandela)*** provém do italiano "mortadella".
3. Machado de Assis, ***(morto/ falecido)*** em 1904, é o patrono da ABL.
4. Comunicamos, com pesar, ***(a morte/ o falecimento)*** de...
5. Para os ***(muçulmanos/ mulçumanos)***, ele era apenas um profeta.
6. — Muito ***(obrigado/ obrigada)***, Rodrigo, você é muito gentil ¾ disse ela.
7. — Muito ***(obrigado/ obrigada)*** digo eu ¾ respondeu Rodrigo, gentilmente.
8. A punição foi justa, ***(à medida que/ na medida em que)*** o aluno não obedeceu ao regulamento.
9. ***(À medida que/ Na medida em que)*** o tempo passava, ao invés de envelhecer, Benjamin ia ficando mais jovem.
10. Meu amigo, entenda uma coisa: na vida nem tudo ***(é/ são)*** flores!

SEMANA 35

1. Isso que você falou não tem nada ***(a ver/ haver)*** com o que eu disse.
2. ***(Faz/ Fazem)*** muitos anos que Paulo namora ***(namora Marina/ namora com Marina)***.
3. Nascida ***(a/ em)*** treze de maio, D. Du Maurier foi uma escritora francesa.
4. "Fulano de tal, nascido ***(a/ em)...***," lia-se na certidão de nascimento.
5. As investigações estão aguardando o resultado da ***(necropsia/ necrópsia)***.
6. A ***(autopsia/ autópsia)*** não revelou o que todos nós esperávamos.
7. ***(Nenhum/ Nem um)*** professor sequer votou a favor do aluno.
8. Professor ***(nenhum/ nem um)*** concordaria com uma coisa dessas.
9. Nenhum de nós ***(apoia/ apoiamos)*** essa ideia absurda.
10. ***(No momento que/ No momento em que)*** a vi, eu sabia que era ela.

SEMANA 36

1. O renomado escritor ganhou um prêmio ***(Nobel/ Nóbel)*** pelo conjunto de sua obra.
2. Todos concordam em que a candidata fazia ***(jus/ juz)*** à sua vitória.
3. O avião ***(posou/ pousou)*** atrasado devido a um temporal.
4. Gisele, modelo muito requisitada, ***(posou/ pousou)*** para muitas revistas.
5. A solidão, a mata, a escuridão, a noite, tudo a ***(assustava/ assustavam)***.
6. ***(A/ O)*** cólera é uma doença gravíssima que provoca desidratação severa.
7. Como bom filho que ele é, quer muito bem ***(aos/ os)*** pais.
8. A criança chora porque quer ***(aos/ os)*** seus brinquedos.
9. Eu ainda não assisti ao filme ***(que/ de que)*** você recomendou.
10. O filme ***(que/ de que)*** você falou ainda não está em cartaz nos cinemas.

SEMANA 37

1. Para impressionar, comprou sapatos o mais caros ***(possível/ possíveis)***.
2. Sempre comprava joias as mais caras ***(possível/ possíveis)***.
3. O bêbado cheirava ***(à/ a)*** cachaça. Podia-se sentir de longe o odor.
4. Antes de beber, sempre cheira (à/ a) bebida, para aguçar o paladar.
5. A enfermeira assistia ***(os/ aos)*** pacientes sem nenhuma paciência.
6. A mãe com as filhas ***(partiu/ partiram)*** em uma longa viagem.
7. A mãe ***(partiu/ partiram)*** em uma longa viagem com as filhas.
8. Fernanda Torres interpretou ***(a/ o)*** personagem "Simone" na trama.
9. Tony Ramos interpretou ***(a/ o)*** personagem Cristiano na novela.
10. O que lhes desejo, meus alunos, é ***(isto: / isto,)*** que sejam bem-sucedidos.

SEMANA 38

1. — Todos devem obedecer ***(ao/ o)*** regulamento ¾ bradou o diretor.
2. Não se devem ignorar questões ***(políticas-religiosas/ político-religiosas)***.
3. Você poderia me dizer ***(aonde/ onde)*** está indo a esta hora?
4. ***(Aonde/ Onde)*** você esteve? Procurei por você todo o dia.
5. Alguns professores ainda enfatizam a importância da ***(ortografia/ ortografia correta)***.
6. Os Estados Unidos ainda ***(é/ são)*** uma potência bélica.
7. "Estados Unidos ***(ganha/ ganham)*** maioria das medalhas," lia-se na manchete.
8. As crianças são ***(tal qual/ tais qual)*** a mãe.
9. A criança é ***(tal qual/ tal quais)*** os pais.
10. Os ***(guarda-roupas/ guardas-roupas)*** estavam sendo vendidos a bom preço.

SEMANA 39

1. Atentos a tudo, os policiais vigiavam, ***(alerta/ alertas)***.
2. As camisas custam cinquenta reais ***(cada/ cada uma)***.
3. Cada um de nós ***(responde/ respondemos)*** por seus próprios atos.
4. Os ***(sem-terra/ sem-terras)*** ameaçaram fazer uma manifestação.
5. ¾ Desculpe, não ouvi. ***(Que/ O que)*** você disse, poderia repetir?
6. Não gosto de pagar ***(à/ a)*** prestações. Prefiro pagar ***(à/ a)*** vista.
7. Nunca compro nada para pagar ***(à/ a)*** prazo. Passo direto no débito.
8. Alguém está batendo ***(à/ a)*** porta. Poderiam atender, por favor?
9. Paguei ***(Pedro/ a Pedro)*** tudo que eu lhe devia. Estamos ***(quite/ quites)***.
10. Minhas dívidas, ***(paguei-as/ paguei-lhes)*** todas. Nada devo agora.

SEMANA 40

1. Luxemburgo é um ***(paisinho/ paizinho)*** minúsculo, mas belíssimo.
2. Mãezinha e ***(paisinho/ paizinho)***, eu estou indo embora. Já me decidi.
3. Encontrei alguns ***(papéizinhos/papeizinhos)*** na gaveta da mesa.
4. Disseram para ***(eu/ mim)*** ficar em silêncio sobre o assunto.
5. Não é fácil para ***(eu/ mim)*** ficar calado diante das injustiças.
6. A ***(paralisação/ paralização)***, segundo o sindicato, visa à recomposição de salário.
7. Ele passou ***(à/ a)*** noite em claro, não dormiu um segundo.
8. Ele passou ***(à/ a)*** noite em casa para conversarmos um pouco, depois se foi.
9. ***O (pé de cabra/ pé-de-cabra)*** é um instrumento muito versátil.
10. Sandra ***(é/ são)*** as alegrias da casa. Todos a adoram.

SEMANA 41

1. As ***(mangas-espada/ mangas-espadas)*** estão muito doces.
2. Os cães ***(pequineses/ pequinezes)*** já não são tão populares.
3. O ***(censo/ senso)*** populacional é realizado periodicamente pelo instituto.
4. Por uma questão de bom ***(censo/ senso)***, você deveria rever sua decisão.
5. Perdoe ***(aos/ os)*** seus inimigos; é nisto que consiste a grandeza.
6. Seus inimigos, você deve ***(perdoá-los/ perdoar-lhes)***, por mais que seja difícil.
7. As dívidas? Penso que você deve ***(perdoá-las/ perdoar-lhes)***.
8. ***(O desempenho/ a performance)*** do candidato durante o teste foi ruim.
9. Você nunca ***(pode/ pôde)*** falar comigo. Ontem você também não ***(pode/ pôde)***.
10. Em caso de impasse, a decisão será deixada sob o poder ***(discrecionário/ discricionário)*** do juiz.

SEMANA 42

1. *(Polir/ Pulir)* uma joia é um trabalho delicado, que requer técnica.
2. Você não fez o dever, ***(por isso/ porisso)*** não sairá para o recreio.
3. ***(Por/ Pôr)*** Deus eu lhe peço, pare de ***(por/ pôr)*** lenha na fogueira.
4. — ***(Por que/ Porque)*** você não fez sua tarefa? ¾ perguntou a professora.
5. — Não fiz ***(por que/ porque)*** não tive tempo ¾ respondeu o aluno.
6. — Não teve tempo ***(por quê/ porquê)***? ¾ insistiu a professora.
7. A professora insistiu, mas o aluno não disse ***(porque/ por quê)***.
8. Você não ***(convidou-o/ o convidou) (por que/ por quê)***?
9. Ninguém sabe o ***(porque/ porquê)*** da decisão impensada que ele tomou.
10. Se ***(por ventura/ porventura)*** eu tiver alguma dúvida, a quem devo recorrer?

SEMANA 43

1. ***(Posto que/ Porque)*** fosse rude, era excelente professora.
2. Todos a achavam rude, ***(porque/ por que)*** era um pouco impaciente.
3. Ele tem a ***(intenção/ pretensão)*** de estudar na Sorbonne, na França.
4. Fazer exercícios físicos não é algo exatamente ***(prazeroso/ prazeiroso)***.
5. "***(Precisa-se/ Precisam-se)*** de enfermeiro", dizia o aviso.
6. "***(Precisa-se/ Precisam-se)*** de médicos", lia-se no anúncio.
7. Ele é muito ***(pretencioso/ pretensioso)*** se acha que vou aceitá-lo.
8. Como ela é muito ***(prevenida/ previnida)***, sempre tem dinheiro.
9. Os serviços meteorológicos ***(preveram/ previram)*** chuva para a noite.
10. Às vezes as pessoas nem se dão conta dos ***(privilégios/ privilégios)*** de que gozam.

SEMANA 44

1. De onde teriam ***(provido/ provindo)*** aquelas desinformações?
2. As palavras "piscina" e "***(psicultura/ piscicultura)***" estão semanticamente ligadas.
3. Quando vi Carlos, ***(o convidei/ convidei-o)*** para a festa.
4. — Você disse o ***(que/ quê)***? ¾ perguntou ela.
5. ***(Quê/ Que)*** que você disse? Pode repetir?
6. Quando você ***(quiser/ quizer)***, sinta-se à vontade para me procurar.
7. — Já estamos ***(quite/ quites)*** com a justiça eleitoral ¾ disseram eles.
8. — Você está ***(quite/ quites)*** com o serviço militar? ¾ perguntou-me o oficial.
9. A ***(rainha/ raínha)*** viu todo o seu reinado acabar-se em ***(ruinas/ ruínas)***.
10. A palavra ***(guaiba/ guaíba)*** origina-se do tupi-guarani.

SEMANA 45

1. O ***(ravioli/ ravióli)*** é um prato típico da culinária italiana.
2. Os ***(recém-/récem-)*** casados passaram a lua de mel na Bahia.
3. O atleta brasileira sonhava em bater o ***(recorde/ récorde)*** mundial.
4. Para que vocês não se cansem, tentem ***(revesar/ revezar)*** na tarefa.
5. Os foliões tocavam ao delírio, no ***(ritmo/ rítmo)*** da música alucinante.
6. Por favor, coloque sua assinatura ou ***(rubrica/ rúbrica)*** no documento.
7. Ela usava um ***(biquini/ biquíni)*** de bolinha amarelinha.
8. O famoso escritor era um verdadeiro (dandi/ dândi), obcecado com o luxo.
9. Ele foi para o ***(Para/ Pará)*** nas férias escolares.
10. A estação do ***(metro/ metrô)*** fica a um metro de distância daqui.

SEMANA 46

1. Primeiro saiu a brasileira; depois saiu ***(à/ a)*** francesa.
2. Como não queria ser visto indo embora, ele saiu ***(à/ a)*** francesa.
3. Não venceremos ***(se não/ senão)*** nos esforçarmos.
4. Temos que nos esforçar, ***(se não/ senão)*** iremos perder.
5. Esse animal não faz nada ***(se não/ senão)*** comer e dormir.
6. Se alguém se ***(opor/ opuser)***, tentaremos entrar num acordo.
7. Quando Paulo ***(vir/ vier)*** aqui, e se você o ***(ver/ vir)***, peça a ele que me ligue.
8. Se ele ***(manter/ mantiver)*** o acordo, provará o valor da palavra empenhada.
9. Se você não se ***(contradissesse/ contradizesse)***, as pessoas acreditariam em você.
10. Se eles se ***(contradisserem/ contradizerem)***, o juiz anulará o julgamento.

SEMANA 47

1. Verifique na página do tribunal a ***(seção/ sessão)*** em que você vai votar.
2. Durante a ***(seção/ sessão)***, será discutido o orçamento da empresa.
3. Tudo que espero é isto: que você ***(seja/ seje)*** muito feliz.
4. Por favor, ***(esteja/ esteje)*** pontualmente no local combinado.
5. Seu delicado ***(pesinho/ pezinho)*** não coube no sapatinho de cristal.
6. Às vezes ela faz a ***(sobrancelha/ sombrancelha)*** no salão de beleza.
7. Prevendo escassez, o comerciante ***(sortiu/ surtiu)*** o armazém com variedades.
8. O rico ***(sortimento/ surtimento)*** do armazém encantava os clientes.
9. A vacina começará a ***(sortir/ surtir)*** efeito dentro de instantes.
10. Se você pudesse, e ***(quisesse/ quizesse)***, me ajudaria.

SEMANA 48

1. — Nacionalidade? ¾ ***(Brasileira/ Brasileiro)*** ¾ respondeu ele.

2. A palavra *substância* tem acento, mas ***(substantivo/ substântivo)***, não.

3. O jovem artista ***(suicidou/ se suicidou)*** devido a um grave quadro depressivo.

5. No ***(sul/ Sul)*** do Brasil ***(faz/ fazem)*** invernos rigorosos.

6. A região ***(Norte/ norte)***, apesar de enorme, é pouco habitada.

7. A professora foi ***(tachada/ taxada)*** de intransigente pelos alunos.

8. Por que você comeu ***(tão pouco/ tampouco)***? Está doente?

9. Não faz nada, mas nem ***(tão pouco/ tampouco)*** reclama.

10. Comprei um aparelho de tevê ***(a/ em)*** cores para curtir a copa.

SEMANA 49

1. Os alunos da escola ***(tem/ têm)*** traços indígenas.

2. Esta parede ***(retém/ retêm)*** muita ***(humidade/ umidade)***.

3. Estes documentos ***(contém/ contêm)*** informações ultraconfidenciais.

4. Tenho certeza ***(que/ de que)*** ele vencerá as eleições.

5. Não posso decidir agora. Tenho ***(de/ que)*** pensar melhor.

6. Eu já disse o que penso a ***(ti/ tí)***, mas ***(tu/ tú)*** não me ouves.

7. Eu cometi um erro: ainda não havia ***(pagado/ pago)*** a conta.

8. A conta foi ***(paga/ pagada)*** assim que a recebemos.

9. Todo ***(mundo/ o mundo)*** já está ***(a/ ao)*** par dos acontecimentos, menos você.

10. Na luta pela igualdade, ninguém pode ficar para ***(trás/ traz)***.

SEMANA 50

1. ***(Trata-se/ Tratam-se)*** de questões controversas sobre as quais nada sei.

2. Já te perguntei: onde ***(estiveste/ estivestes)*** toda a noite?

3. ***(Tu/ Tú)*** nunca me respondes quando me dirijo a ***(ti/ tí)***.
4. Eu não ***(vi/ ví)*** o artigo, por isso ainda não ***(li/ lí)***.
5. Uma nuvem de gafanhotos ***(avançava/ avançavam)*** em direção ao Brasil.
6. Um terço dos professores não ***(aderiu/ aderiram)*** à paralisação.
7. ***(Fala/ Fale)*** a verdade de uma vez, já não te pedi?
8. ***(Fala/ Fale)*** a verdade, meu filho, eu já lhe pedi!
9. A lagoa não parece profunda; vamos tentar ***(vadear/ vadiar)*** até a outra margem.
10. A palavra ***(vadear/ vadiar)*** guarda relação de sentido com *vadiagem*.

SEMANA 51

1. — Vamos ***(comer gente/ comer, gente)***? ¾ Disse ele, convidando o pessoal para a mesa.
2. Durante a longa ***(viagem/ viajem)*** pelo mar, algumas pessoas se sentiram enjoadas.
3. Fizemos tudo para que vocês ***(viagem/ viajem)*** com conforto.
4. Depois de muita luta corporal, os policiais finalmente ***(conteram/ contiveram)*** os ladrões.
5. Os policiais ***(intervieram/ interviram)*** e ***(deteram/ detiveram)*** os manifestantes.
6. ***(Viemos/ Vimos)*** aqui neste momento para propor-lhe um acordo.
7. Ontem nós ***(viemos/ vimos)*** ao seu escritório, mas você não estava.
8. Michael Jackson era um verdadeiro ***(virtuose/ virtuose)*** da música e da dança.
9. — ***(Viva/ Vivam)*** os formandos! ¾ entoaram os convidados com entusiasmo.
10. Você deve ***(pedi-lo/ pedir-lhe)*** em casamento logo, antes que ele mude de ideia.

SEMANA 52

1. Você ensaiou bastante; ***(não há, pois, / não há pois,)*** motivo para nervosismo.
2. Se você ainda não ***(requereu/ solicitou)*** seu documento, faça-o logo.
3. Possivelmente haverá atraso na saída do ***(voo/ vôo)***.
4. Espero que você ***(voe/ vôe)*** em segurança nesta aviação.
5. ¾ Agradeço-lhe muito. Vossa Majestade ***(é/ sois)*** muito generoso.
6. Conversaremos com ***(Sua/ Vossa)*** Majestade e veremos que ele decidirá.
7. Você foi ***(à/ a)*** Itália, mas não foi ***(à/ a)*** Roma? Que disparate!
8. O investimento na revitalização da cidade foi ***(vultoso/ vultuoso)***.
9. O ***(zangão/ zângão)*** desempenha um papel importante na colmeia.
10. No ***(zenite/ zênite)*** de sua carreira, sofreu um acidente e morreu.

RESPOSTAS (TESTES DE VERIFICAÇÃO DE PROGRESSO)

SEMANA 1

1. caro
2. a
3. à
4. à/ a
5. à/ a
6. A gente
7. agente
8. dei/ dei-lhe
9. Faltou, faltaram
10. à, a

SEMANA 2

1. A/ ao
2. no que se refere a
3. à
4. a
5. há
6. a
7. A
8. A presidente/ A presidenta)
9. A
10. Em

SEMANA 3

1. prendeu
2. , porém
3. à/ a
4. à
5. a
6. à
7. à, à
8. à, às
9. a baixo
10. abaixo

SEMANA 4

1. aborígines
2. absolver
3. abstivermos
4. acendemos
5. ascender
6. assento
7. acerca
8. há cerca
9. acreano/ acriano
10. brasileiro

SEMANA 5

1. adivinhar
2. a fim
3. Agradecemos-lhe
4. amamo-nos
5. aja
6. Haja, aja
7. serão/ seremos
8. sabe
9. alisar
10. paralisação

SEMANA 6

1. te direi
2. Dir-te-ei
3. Ano-Novo
4. ano novo
5. Antártica / Antártida
6. antediluviano
7. ao invés de/ em vez de
8. ao invés
9. apóstrofe
10. apóstrofo

SEMANA 7

1. cujos pais
2. cujas filhas
3. aritmética
4. empecilhos
5. arrepiar
6. arrevesado
7. arrevesados
8. entretidos
9. (aos) quinze
10. azado

SEMANA 8

1. ascética
2. assépticas
3. ao
4. assoar
5. assuar
6. asterisco
7. astigmatismo
8. às/ nas
9. aterrissou
10. amerissagem

SEMANA 9

1. trás
2. traz
3. avisá-los
4. baiano
5. baía
6. basta
7. bastam
8. bastantes
9. bastantes
10. bem-vindo

SEMANA 10

1. beneficente
2. à, a
3. cinza (cor de cinza)
4. Boa-noite
5. boa noite
6. boêmia
7. boemia/ boêmia
8. cabeleireiro
9. caça
10. cassar

SEMANA 11

1. cumprimentou
2. caju
3. verde-oliva
4. surdas-mudas
5. campus (latinismo)
6. belga
7. a
8. castanho-claros
9. caranguejo
10. desaprovou/ desaprovaram

SEMANA 12

1. bastam, é
2. participou
3. cerração
4. sesta
5. cesta
6. xácaras
7. chácara
8. a
9. à
10. a/ em

SEMANA 13

1. granizo
2. cinquenta
3. catorze/ quatorze
4. sírio
5. ciúme/ ciúmes
6. cíveis
7. com nós
8. conosco
9. editor-chefe
10. ambos

SEMANA 14

1. uma
2. A
3. companhia
4. comprimento
5. cumprimento
6. contêm
7. contém
8. mim
9. contratam-se
10. coser

SEMANA 15

1. Custei a/ Custou-me
2. da
3. dá
4. Havia, a
5. as
6. de repente
7. a
8. àquele
9. demais
10. de mais

SEMANA 16

1. discrição
2. descrição
3. desinformada
4. disenteria
5. dispensa
6. desapercebido/ despercebido
7. desapercebido
8. destrate
9. distrate
10. destróier

SEMANA 17

1. deu à luz o
2. dia a dia
3. dia a dia
4. dignitário
5. dir-se-ia
6. disfarçar
7. à
8. a
9. dividi-lo
10. atraí-lo

SEMANA 18

1. dois
2. dona de casa
3. copo-de-leite
4. copo de leite
5. duzentas
6. necessária
7. necessário
8. preciso
9. O
10. toda/ todo

SEMANA 19

1. simpatiza
2. , e/ e
3. , e/ e
4. tornar-se/ a tornar-se
5. um/ por um
6. assiste
7. interveio
8. intervindo
9. intervierem
10. a/ de

SEMANA 20

1. precaveram
2. a, à
3. às
4. a sós
5. reouve
6. elefanta
7. desavieram
8. desavindo
9. em anexo
10. anexas

SEMANA 21

1. de/ em
2. imergiu
3. emigrantes
4. imigrantes
5. enchente, enxurradas
6. herbáceo
7. em
8. proibida/ proibido
9. proibido
10. proibida

SEMANA 22

1. radicado
2. erradicada
3. delicadeza, princesa
4. esotéricas
5. espectadores
6. expirou
7. expira
8. esplêndido
9. esplendor, espectadores
10. me esqueci

SEMANA 23

1. lembrei-me, lembrou-me
2. esse
3. este
4. estada/ estadia
5. estadia
6. à
7. na
8. a par, ao par (cambial)
9. estádio, estágio
10. estender

SEMANA 24

1. história
2. História/ história
3. História
4. as literaturas
5. esvaziar
6. a conheço/ conheço ela
7. convidaram-nas
8. intermedeie
9. intermediemos
10. mesma

SEMANA 25

1. sua
2. soa
3. êxito
4. extravasar
5. falaram
6. falarão
7. faltam
8. faz
9. fará
10. faz

SEMANA 26

1. feiura
2. Guaíba
3. fidagal/ figadal
4. flagrante
5. florezinhas/ florzinhas
6. Mulherzinhas/ Mulherezinhas
7. fluido
8. fluído
9. porque
10. reprovação/ em reprovação

SEMANA 27

1. fusível
2. fuzil
3. grátis
4. gratuito
5. se gripa/ fica gripado
6. havia
7. é/ são
8. é
9. sofre/ sofremos
10. enfrento

SEMANA 28

1. umidade
2. umedecer
3. iberos
4. ideia
5. imã/ ímã
6. imã
7. incipiente
8. insipiente
9. infarte/ infarto (ou ainda: enfarte)
10. infelizmente

SEMANA 29

1. infringir
2. infligida
3. os
4. aos
5. intenção
6. ínterim
7. interse(c)ção
8. intercessão
9. Intervindo
10. a/ para

SEMANA 30

1. item
2. paralisar
3. analisar
4. lho (raro)
5. jabuti, jabuticaba
6. juiz
7. juízes
8. à/ a
9. as
10. detiveram-nos

SEMANA 31

1. lidar
2. madeixas
3. recauchutado
4. aderiu
5. agrediram
6. maisena
7. mal
8. mau
9. mal-educada
10. mal-estar

SEMANA 32

1. mandado
2. mandato
3. manteigueira
4. más, mas
5. mas
6. dê-me
7. meio
8. meia, meio
9. era, meia
10. melancia, ganância

SEMANA 33

1. mendigo
2. mendicância
3. menos
4. Meritíssimo
5. meteorologia
6. ascendência
7. descendentes
8. mexendo
9. ..., que são seres irracionais, ...
10. que trabalham no circo...

SEMANA 34

1. misto
2. mortadela
3. morto/ falecido
4. o falecimento
5. muçulmanos
6. obrigada
7. obrigado
8. na medida em que
9. À medida que
10. é/ são

SEMANA 35

1. a ver
2. faz, namora Marina
3. a/ em
4. a/ em
5. necropsia/ necrópsia
6. autópsia
7. nem um
8. nenhum
9. apoia/ apoiamos
10. no momento em que

SEMANA 36

1. Nobel
2. jus
3. pousou
4. posou
5. assustava
6. a/ o
7. aos
8. os
9. que
10. de que

SEMANA 37

1. possível
2. possíveis
3. à
4. a
5. os/ aos
6. partiram (incomum)
7. partiu
8. a/ o
9. o
10. isto: / isto,

SEMANA 38

1. ao/ o
2. político-religiosas
3. aonde
4. onde
5. ortografia, ortografia correta
6. são
7. ganha
8. tais qual
9. tal quais
10. guarda-roupas

SEMANA 39

1. alerta/ alertas
2. cada uma
3. responde
4. sem-terra/ sem-terras
5. que/ o que
6. a, à
7. a
8. à
9. a Pedro, quites
10. paguei-as

SEMANA 40

1. paisinho
2. paizinho
3. papeizinhos
4. eu
5. mim
6. paralisação
7. a (toda a noite)
8. à
9. pé de cabra
10. é

SEMANA 41

1. mangas-espada/ mangas-espadas
2. pequineses
3. censo
4. senso
5. aos
6. perdoar-lhes
7. perdoá-las
8. desempenho
9. pode, pôde
10. discricionário

SEMANA 42

1. polir
2. por isso
3. por/ pôr
4. por que
5. porque
6. por quê
7. por quê
8. o convidou, por quê
9. porquê
10. porventura

SEMANA 43

1. posto que
2. porque
3. intenção/ pretensão
4. prazeroso
5. precisa-se
6. precisa-se
7. pretensioso
8. prevenida
9. previram
10. privilégios

SEMANA 44

1. provindo
2. piscicultura
3. o convidei/ convidei-o
4. quê
5. quê/ que
6. quiser
7. quites
8. quite
9. rainha, ruínas
10. guaíba

SEMANA 45

1. ravióli
2. recém
3. recorde
4. revezar
5. ritmo
6. rubrica
7. biquíni
8. dândi
9. Pará
10. metrô

SEMANA 46

1. a francesa
2. à
3. se não
4. senão
5. senão
6. opuser
7. vier, vir
8. mantiver
9. contradissesse
10. contradisserem

SEMANA 47

1. seção
2. sessão
3. seja
4. esteja
5. pezinho
6. sobrancelha
7. sortiu
8. sortimento
9. surtir
10. quisesse

SEMANA 48

1. brasileira/ brasileiro
2. substantivo
3. se suicidou
5. sul, faz
6. Norte
7. tachada
8. tão pouco
9. tampouco
10. a/ em

SEMANA 49

1. têm
2. retém, umidade
3. contêm
4. que/ de que
5. de/ que
6. ti, tu
7. pagado/ pago
8. paga
9. o mundo
10. trás

SEMANA 50

1. Trata-se
2. estiveste
3. tu/ ti
4. vi, li
5. avançava/ avançavam
6. aderiu/ aderiram
7. fala
8. fale
9. vadear
10. vadiar

SEMANA 51

1. comer, gente
2. viagem
3. viajem
4. contiveram
5. intervieram, detiveram
6. vimos
7. viemos
8. virtuose
9. viva
10. pedir-lhe

SEMANA 52

1. não há, pois,
2. requereu/ solicitou
3. voo
4. voe
5. é
6. Sua
7. à/ a
8. vultoso
9. zangão/ zângão
10. zênite

TESTE FINAL

PROCEDA COMO NOS TESTES ANTERIORES

E então, sua leitura foi proveitosa? Reunimos, abaixo, algumas das questões mais importantes estudadas, para que você possa fixar sua aprendizagem. Confira as respostas logo a seguir. Bom trabalho!

Sublinhe a(s) opção(ões) correta(s):

1. As joias custaram ***(caro/ caras)***.
2. A revista ***(a/ à)*** que você se refere é esta.
3. Estou fazendo um curso ***(a/ à)*** distância.
4. Estávamos ***(a/ à)*** distância de poucos metros do acidente.
5. Por que você não vai com ***(a gente/ agente)*** à festa?
6. O ***(agente/ a gente)*** secreto investigava o crime.
7. A maior parte dos professores ***(aderiu/ aderiram)*** à greve.
8. Devolvi o livro ***(a/ à)*** Márcia.
9. Não gosto de pagar a prazo. Prefiro ***(à vista/ a vista)***.
10. A aula terminou ***(a/ há)*** duas horas (atrás).
11. A aula começará daqui ***(a/ há)*** duas horas.
12. Deu um rico presente ***(a/ à)*** sua namorada.
13. Falei sobre isso à minha mãe, não ***(a/à)*** sua.
14. Ele nunca aceita conselhos. Faz tudo ***(a/ à)*** sua maneira.
15. A espaçonave retornou ***(a/ à)*** Terra devido a uma emergência.
16. Nas férias, o rapaz viajou ***(a/ à)*** terra natal.
17. "Desceremos ***(a/ à)*** terra para visitar a tribo," anunciou o capitão.
18. A reunião começara ***(a/ à)*** uma, pontualmente.
19. A reunião começará daqui ***(a/ à)*** uma hora, aproximadamente.
20. Com os fortes ventos, o velho casario veio ***(a baixo/ abaixo)***.
21. Com olhar desdenhoso, mediu-o de alto ***(a baixo/ abaixo)***.

22. O réu foi ***(absolvido/ absorvido)*** devido à falta de provas.
23. O rapaz escreveu um longo artigo ***(acerca/ a cerca)*** do ocorrido.
24. Física é campo do saber ***(afim/ a fim)*** da Matemática.
25. Estudei muito ***(afim / a fim)*** de entrar na melhor universidade do país.
26. É preciso que você ***(aja/ haja)*** com discrição neste caso.
27. Espero que ***(aja/ haja)*** vagas para todos os candidatos inscritos.
28. Alguns de nós ***(serão/ seremos)*** punidos pelo crime.
29. Algum de nós ***(será/ seremos)*** punido por participar do esquema.
30. Precisamos ***(analisar/ analizar)*** o assunto com calma e cautela.
31. Como bons irmãos que somos, ***(amamo-nos/ amamos-nos)*** muito.
32. Era um homem ultrapassado, antiquado, ***(antediluviano/ antidiluviano)***.
33. Diante da triste notícia, ***(ao invés de/ em vez de)*** chorar, sorriu.
34. ***(Em vez de/ Ao invés de)*** ficar se lamentando, foi à luta, com determinação.
35. "Deus, ó Deus! Onde estás?", perguntava-se o poeta ***(no apóstrofo/ na apóstrofe)***.
36. ***(O apóstrofo/ A apóstrofe)*** é uma notação léxica, como o til e outras.
37. A palavra ***(piscicultura/ pscicultua)*** guarda relação de sentido com "peixe".
38. Ele nem ***(siquer/ sequer)*** prestou atenção ao que eu estava dizendo.
39. Para que ninguém fique exausto, proponho um ***(revesamento/ revezamento)***.
40. Ela não assiste ***(filmes/ a filmes)*** nem vê novelas. Prefere ver séries.
41. O ator ***(assuou/ assoou)*** o nariz em cena, pelo que a plateia o ***(assuou/ assoou)***.
42. Não enxergo muito bem sem óculos, pois sofro de ***(astigmatismo/ estigmatismo)***.
43. O aluno não ***(atentou/ se atentou)*** nos detalhes e errou a questão.
44. Deixou o dinheiro escondido ***(atraz/ atrás)*** de um dicionário, na estante.
45. "Os professores, você já ***(os avisou/ lhes avisou)***?"
46. Você deve ***(avisá-los/ avisar-lhes)*** assim que possível, por favor.
47. Como bom ***(baiano/ bahiano)*** que sou, gosto de boa comida e boa música.
48. Havia ***(bastante/ bastantes)*** crianças no almoço de confraternização.

49. Para esta receita, dois ovos apenas ***(basta/ bastam)***.
50. Silêncio, parece que estão batendo ***(a/ à)*** porta. Vocês escutaram?
51. Aborrecida, saiu pisando duro, batendo ***(a/ à)*** porta com grande estrondo.
52. Seja ***(bem vindo/ bem-vindo)***, Sr. ***(Bem Vindo/ Benvindo)***, e perdoe o trocadilho.
53. Será dado um jantar ***(beneficente/ beneficiente)*** para arrecadar dinheiro.
54. O rapaz estava internado no Hospital da ***(Beneficência/ Beneficiência)*** Portuguesa.
55. Em vez do tradicional filé ***(a/ à)*** Osvaldo Aranha, preferiu o bife ***(a/ à)*** cavalo.
56. Comprou muitas roupas ***(laranja/ laranjas)***, cor que não lhe assentava bem.
57. A moça disse que ia ao ***(cabeleleiro/ cabeleireiro)*** antes de voltar do trabalho.
58. Depois de anos atuando como falso esteticista, teve o diploma ***(caçado/ cassado)***.
59. Cada um dos professores ***(contribuiu/ contribuíram)*** com o fundo de formatura.
60. "Prefiro suco de ***(caju/ cajú)*** a suco de ***(abacaxi/ abacaxí)***", disse ele.
61. Ganhei de presente duas gravatas ***(verde-oliva/ verde-olivas)***.
62. Ela tinha belos cabelos e olhos ***(castanhos-claros/ castanho-claros)***.
63. O ator ***(belgo/ belga)*** foi premiadíssimo no festival de cinema francês.
64. No programa Cara ***(a/ à)*** Cara, ficou frente ***(a/ à)*** frente com a famosa atriz.
65. "Cem reais ***(é pouco/ são pouco)***!", disse o rapaz.
66. "Não senhor. Cem reais ***(basta/ bastam)***!", respondeu ela.
67. Cerca de trinta trabalhadores ***(aderiu/ aderiram)*** ao protesto.
68. A direção na serra é perigosa, pois há ***(cerração/ serração)*** nesta época do ano.
69. Na Espanha, a ***(sexta/ sesta)*** após o almoço ainda é uma tradição.
70. Quando chegou ***(a/ à)*** noite, estávamos todos cansados depois do longo dia de trabalho.
71. Quando chegamos a casa ***(a/ à)*** noite, estávamos todos muito cansados.
72. Estava na rua quando tive que voltar ***(a/ em)*** casa para buscar algo de que

havia me esquecido.

73. Quando retornou *(a/ à)* casa dos pais, depois de longos anos, era já homem feito.
74. Pagou ***(cincoenta/ cinquenta)*** dólares num perfume falsificado.
75. A Procissão do ***(Círio / Sírio)*** de Nazaré é uma tradição religiosa em Belém do Pará.
76. O rapaz foi tratado com muito zelo no Hospital ***(Sírio-/ Círio-)*** Libanês.
77. É dever de todos cumprir com as responsabilidades ***(civis/ cíveis)***.
78. "Prefiro atuar nas causas ***(civis/ cíveis)***, não nas criminais", disse a advogada.
79. "Você não gostaria de ir ***(com nós/ conosco)***?" perguntaram os pais ao filho.
80. "Você fica em casa, ***(com nós/ conosco)*** dois, eu e sua mãe," disse ele.
81. "***(A/ O)*** omelete estava a seu gosto, freguês?", perguntou o garçom.
82. A ***(Companhia/ Compania)*** de Jesus foi fundada por Santo Inácio de Loyola.
83. Foi um enorme prazer poder desfrutar de sua agradável ***(companhia/ compania)***.
84. Os alunos receberam os ***(comprimentos/ cumprimentos)*** dos padrinhos.
85. Que informações ***(contém/ contêm)*** este documento?
86. Estes documentos ***(contém/ contêm)*** informações sigilosas.
87. Durante o depoimento, percebi que todos estavam contra ***(eu/ mim)***.
88. Peço-lhe que isso fique só entre ***(eu/ mim)*** e você.
89. "***(Contrata-se/ Contratam-se)*** professores", dizia o anúncio no jornal.
90. O jornal anunciava em letras garrafais: "***(Precisa-se/ Precisam-se)*** de professores".
91. ***(Custou-me/ Custei a)*** entender suas razões, mas por fim as compreendi.
92. ***(Havia/ Haviam)*** de cem ***(a/ à)*** duzentas pessoas no protesto.
93. Com o tremendo temporal que se aproximava, ***(de repente/ derrepente)*** se fez noite fechada.
94. As aulas do minicurso são ministradas de segunda ***(a/ à)*** sexta.
95. Dediquei-me ***(a aquele/ aquele/ àquele)*** trabalho com todas as forças.

96. Quando há trabalho ***(demais/ de mais)*** e dinheiro de menos, os trabalhadores se revoltam.
97. Ele trabalha ***(demais/ de mais)***, sem descanso, mas não vê nada ***(demais/ de mais)*** nisso.
98. É preciso agir com ***(descrição/ discrição)*** para não constranger ninguém.
99. A partir da ***(descrição/ discrição)*** dada, fez-se o retrato falado do suspeito.
100. O médico receitou um bom remédio para ***(disenteria/ desinteria)*** e náuseas.
101. Foram encontrados ratos na ***(despensa/ dispensa)*** da velha casa.
102. O soldado solicitou ***(despensa/ dispensa)*** do Exército para entrar na universidade.
103. ***(Desapercebida/ Despercebida)*** de mantimentos durante o inverno, a Cigarra procurou a ajuda de Dona Formiga.
104. Desculpe, não notei o erro. Passou completamente ***(despercebido/ desapercebido)***.
105. O homem protestou que não era possível ***(destratar/ distratar)*** o acordo que já havia sido feito.
106. O rapaz foi demitido por ser lento e ***(destratar/ distratar)*** os clientes do armazém.
107. A moça deu ***(a/ à) luz (o/ ao)*** primeiro de vários filhos que viriam.
108. "Em que se resume o seu ***(dia a dia/ dia-a-dia)***?", perguntou-lhe a entrevistadora.
109. Os mais altos ***(dignatários/ dignitários)*** das religiões cristãs reuniram-se em assembleia.
110. "***(Diria-se/ Dir-se-ia)*** que tudo não passou de um grande equívoco," respondeu ele, solenemente.
111. A cerimônia ***(se realizaria/ realizar-se-ia)*** na presença de convidados muito ilustres.
112. Não tente ***(disfarçar/ disfarsar)***: posso ver nos seus olhos que você está mentindo.
113. Naturalmente, um ***(farsante/ farçante)*** leva a vida sempre a ***(disfarçar/***

disfarsar).

114. "Paulo, saia daqui imediatamente!", disse-lhe ***(a/ à)*** moça.
115. "Saia você", respondeu ele, no mesmo tom, ***(a/ à)*** moça.
116. O dinheiro, é preciso ***(dividí-lo/ dividi-lo)*** de forma justa entre todos.
117. ***(Duas/ Dois)*** milhões de pessoas morreram durante o terrível surto que afetou o país.
118. Já não é mais costume referirmo-nos ao dicionário como o ***(pai dos burros/ pai-dos-burros).***
119. A ***(banana da terra/ banana-da-terra)*** não é agradável ao paladar se consumida crua.
120. Pediu a seu Joaquim que lhe vendesse ***(duzentos/ duzentas)*** gramas de presunto.
121. É ***(necessário/ necessária)*** a participação de todos, ativamente, no processo.
122. É ***(necessário/ necessária)*** atenção neste delicado trabalho de inspeção de segurança.
123. É ***(preciso/ precisa)*** a atenção de todos para que não cometamos falhas na inspeção.
124. Como ela era ***(a/ o)*** cabeça da quadrilha, com sua prisão, tudo se acabou.
125. Ela ficou ***(toda/ todo)*** convencida diante dos efusivos elogios que lhe fizeram.
126. Já tentei, mas simplesmente não ***(simpatizo / me simpatizo)*** com este rapaz.
127. Ela se esforça tanto ***(e/ ,e)*** ninguém reconhece seus esforços.
128. O jovem aspirava ***(uma posição/ a uma posição)*** mais alta na empresa.
129. Ele ***(assiste/ assisti)*** a muitos filmes; é um verdadeiro cinéfilo!
130. Quando meu pai ***(interviu/ interveio)*** na discussão, tudo foi resolvido.
131. Se ele não tivesse ***(intervindo/ intervido)***, ainda teríamos um impasse até agora.
132. Ela não se ***(dignou a/ dignou de/ dignou)*** agradecer a ninguém pelos favores recebidos.

133. Como não se ***(precaveram/ precaviram)*** para o inverno, as Cigarras viviam na penúria.
134. Ele não gosta de ir ***(a/ à)*** festas; prefere ir ***(as/ às)*** missas do bairro com suas irmãzinhas.
135. "Deixem-me, quero ficar a ***(só/ sós)***!" retorquiu o rapaz com rispidez.
136. Depois de longa batalha na justiça, ele finalmente ***(reouve/ reaveu)*** seus bens.
137. Por uma briga à toa, os dois se ***(desaviram/ desavieram)*** e não se falam mais.
138. "Seguem em ***(anexo/ anexos)*** os documentos solicitados", lia-se na mensagem da secretária.
139. "Seguem ***(anexo/ anexos)*** os documentos solicitados", lia-se...
140. Ao chocar-se contra a enorme barreira de gelo, o navio soçobrou, ***(imergindo/ emergindo)*** fragorosamente nas águas geladas do Atlântico.
141. Cedo ou tarde, a verdade, hoje submersa, há de ***(emergir/ imergir)*** e todos saberão quem ela é.
142. Quando os ***(emigrantes/imigrantes)*** brasileiros chegam ao México, há uma última etapa antes de entrar ilegalmente nos Estados Unidos.
143. Uma vez no território americano, os brasileiros passam a viver ali, como ***(emigrantes/imigrantes)*** ilegais, sem qualquer direito.
144. A ***(enchurrada/ enxurrada)*** provocada pelas chuvas causou muito dano e destruição.
145. Na placa, lia-se: "Entrada ***(proibida/ proibido)***".
146. "Entrada é ***(proibido/ proibida)***", lia-se na placa, em grandes letras chamativas.
147. "Entrega-se ***(em/ a)*** domicílio", lia-se na parede do armazém.
148. Um forte odor ***(erbáceo/ herbáceo)*** perfumava o ambiente agradavelmente.
149. Chamam-se animais ***(erbívoros/ herbívoros)*** porque se alimentam apenas de ervas.

150. A cantora brasileira, ***(erradicada/ radicada)*** nos Estados Unidos, cantava em inglês e conquistou os americanos.
151. Não devemos nos contentar com explicações ***(esotéricas/ exotéricas)***, mas sim buscar a ciência.
152. Éramos todos ***(espectadores/ expectadores)*** de que surgiria uma solução para a pandemia.
153. Da plateia, os ***(espectadores/ expectadores)*** vaiavam com grande algazarra o teatro de artistas mambembes.
154. Após a ***(espiração/ expiração)*** do prazo, não mais se aceitarão inscrições, em nenhuma hipótese.
155. A versão do filme para o palco foi considerada ***(esplêndida/ explêndida)*** pela crítica.
156. ***(Esqueceu-/ Esqueceram-)*** me os tempos desditosos daquele passado cheio de privações.
157. Quando custou ***(esse/ este)*** relógio que você está usando? Será tão caro como ***(esse/ este)*** aqui no meu braço?
158. Nossa ***(estada/ estadia)*** no hotel superou todas as nossas expectativas.
159. Durante a ***(estada/ estadia)*** dos navios no porto, há muito trabalho que se realizar.
160. Todos estávamos ***(na/ a/ à)*** mesa, aguardando que servissem o lauto jantar.
161. Um bom jornalista procura estar sempre ***(a/ ao)*** par das notícias mais recentes.
162. Conta-se que, nos tempos áureos da economia brasileira, o real e o dólar estavam praticamente ***(a/ ao)*** par.
163. Não foi possível reconhecer o corpo porque este se encontrava em avançado ***(estágio/ estádio)*** de decomposição.
164. O ***(estágio/ estádio)*** estava lotado de torcedores entusiasmados com a partida.
165. A secretária disse que estuda a possibilidade de ***(estender/ extender)*** o prazo de inscrições, mas que não acredita que ocorrerá tal ***(estensão/ extensão)***.
166. As crianças de hoje já não acreditam nessas ***(histórias/ estórias)*** tão ingênuas.

167. O sargento, furioso, ordenou que o soldado fosse ***(esvasiar/ esvaziar)*** as latas de lixo.

168. Eu ***(a conheço/ conheço-a/ conheço ela)*** há muitos anos. Somos amigos de infância, pra dizer a verdade.

169. É necessário que alguém ***(intermedie/ intermedeie)*** as discussões, do contrário não haverá consenso.

170. "Eu ***(mesmo/ mesma)*** farei isso," disse minha mãe. "Não confio em ninguém."

171. "Faça isso você ***(mesmo/ mesma)***, meu filho", disse-me minha mãe.

172. Quando faz muito calor, ela ***(sua/ soa)*** muito, mas prefere calor a frio, de qualquer forma.

173. Quando o sino ***(soa/ sua)*** na torre, os fiéis, como mansas ovelhas, dirigem-se à igreja, para a missa costumeira.

174. "Quem ***(esita/ hesita)***, meu amigo, não consegue ***(êxito/ hêxito)***," dizia meu pai.

175. Durante os dias festivos de carnaval, os foliões ***(extravasam/ extravazam)*** todas as suas emoções.

176. Ainda ***(faltava/ faltavam)*** alguns minutos para o início das aulas.

177. Já ***(faz/ fazem)*** muitos anos que moro aqui. ***(Deve/ Devem)*** fazer uns quinze anos, aproximadamente.

178. "Quantos graus ***(está/ estão)*** fazendo no momento?" "***(Faz/ Fazem)*** dez graus, compadre!"

179. Hoje em dia, a ***(feiura/ feiúra)*** parece determinada a destruir a beleza.

180. As famílias nutriam entre si um ódio antigo, ***(figadal/ fidagal)***, com raízes profundas.

181. Pego em ***(fragrante/ flagrante)***, o rapaz não teve meios de negar sua implicação no crime.

182. O jardineiro oferecia umas ***(florezinhas/ florzinhas)*** a Isaura, na vã esperança de conquistá-la.

183. O ***(fluido/ fluído)*** do isqueiro acabou. Preciso comprar outro ou reabastecer

este.

184. Tudo havia ***(fluido/ fluído)*** exatamente conforme minhas expectativas.

185. Foi reprovada ***(por causa que/ porque)*** não havia estudado com dedicação.

186. Ao permanecer no site, isso implica ***(a/ na)*** aceitação de todas as suas condições.

187. Diz-se ***(gratuito/ gratuíto)***, formando um ditongo, e não um hiato.

188. Não ***(havia/ haviam)*** muitas pessoas na manifestação. ***(Devia/ Deviam)*** haver umas cem pessoas.

189. "Hoje ***(são/ é)*** dois de julho, professora?" "Sim, hoje ***(é/ são)*** dia dois."

190. Os jovens do passado cometeram erros, hoje somos nós quem ***(paga/ pagamos)*** a conta.

191. Ontem vocês pagaram a conta; hoje somos nós que ***(paga/ pagamos)***.

192. Todos aplaudiram a ***(idéia/ ideia)***, mas ninguém a pôs efetivamente em prática.

193. "Os sintomas da doença são ainda muito ***(incipientes/ insipientes)***", disse o médico.

194. Ele era uma pessoa dotada de beleza e bondade, mas completamente ***(incipiente/insipiente)*** em certos assuntos.

195. Se você ***(infringir/ infligir)*** as leis, um juiz poderá ***(infringir/ infligir)*** -lhe uma pena severa.

196. O professor informou ***(os alunos/ aos alunos)*** o resultado.

197. O professor informou ***(os alunos/ aos alunos)*** do resultado.

198. Neste ***(interim/ ínterim)***, muitas coisas sucederam que alteraram por completo meus planos.

199. Suplicava a todos os santos, pedindo-lhes a ***(interseção/ intercessão)*** perante a Jesus.

200. Marque os pontos de ***(interseção/ intercessão)*** nas retas.

201. Leia cada ***(item/ ítem)*** da lista com muita atenção. Erros são inadmissíveis neste trabalho. Todos os ***(itens/ ítens)*** devem ser cumpridos à risca.

202. Vamos ***(analisar/ analizar)*** essa questão com mais cautela, depois de ***(pes-***

quisar/ pesquizar) nas fontes adequadas.

203. Os ***(juizes/ juízes)*** moram na cidade mineira de ***(Juiz/ Juíz)*** de Fora.
204. Não gosto de lavar roupas delicadas na máquina. Prefiro lavá-las ***(a/ à)*** mão.
205. É um problema muito complicado. Não estou conseguindo ***(lhe dar/ lidar)*** com nada disso.
206. Mais de um aluno ***(compareceu/ compareceram)*** à prova final.
207. Mais de um aluno se ***(feriu/ feriram)*** na confusão generalizada durante o recreio.
208. Você fala inglês bem, mas escreve ***(mal/ mau)***. Não é um ***(mal/ mau)*** inglês, como um todo.
209. Ela é uma mulher muito ***(mau/ má)***. Suas amigas também são muito ***(mas/ más)***.
210. Um povo ***(mal educado/ mal-educado)***, no sentido de privado de acesso à educação plena, interessa ao governo.
211. O cantor sentiu um leve ***(mal-estar/ mau-estar)*** durante o *show* e teve que interrompê-lo.
212. Durante seu ***(mandato/ mandado)***, o deputado obtinha os privilégios da imunidade parlamentar.
213. O juiz expediu um ***(mandato/ mandado)*** para que prendessem o suspeito imediatamente.
214. Com apenas meia taça de vinho, ela estava se sentindo ***(meio/ meia)*** tonta.
215. Já ***(é/ são)*** meio-dia e ***(meio/ meia)***. Vamos encerrar a reunião por hoje.
216. ***(Havia/ Haviam) (menas/ menos)*** pessoas do que esperávamos.
217. Segundo a ***(metereologia/ meteorologia)***, quais serão as condições climáticas?
218. Meus bisavós vieram de Roma, por isso somos de ***(ascendência/ descendência)*** italiana.
219. "Que mundo deixaremos para nossos ***(ascendentes/ descendentes)*** no futuro?" tornou-se uma pergunta vazia.
220. ***(São Paulo, que fica no Sudeste, / São Paulo que fica no Sudeste)*** é a

maior cidade brasileira.

221. Os ***(muçulmanos/ mulçumanos)*** juraram a si mesmos que reconquistariam o território ibérico.
222. "Muito ***(obrigado/ obrigada)***, Maria! Você é muito gentil", disse Ricardo.
223. "Muito ***(obrigado/ obrigada)***, Ricardo. Não fiz mais que minha obrigação", disse Maria.
224. ***(À medida que/ À medida em que)*** envelhecemos, vamos perdendo tantas coisas!
225. O professor agiu injustamente, ***(à medida que/ na medida em que)*** cobrou na prova conteúdo não ensinado.
226. Anime-se, meu amigo, pois na vida nem tudo ***(são/ é)*** dores!
227. Gabriel ***(é/ são)*** os encantos de sua velha mãe, já o pai acha que ele ***(é/ são)*** os desgostos da família.
228. Isso não vem ao caso. Uma coisa não tem nada ***(a ver/ haver)*** com a outra!
229. Sandro ***(namora/ namora com)*** Paula ***(fazem/ faz)*** muitos anos.
230. Ele nasceu ***(em/ a)*** treze de maio, no ano de 1947.
231. Depois de feita a ***(necrópsia/ necropsia)***, revelou-se enfim a causa da morte.
232. ***(Nenhum/ Nem um)*** aluno sequer compareceu à prova de recuperação.
233. ***(Nenhum/ Nem um)*** dos alunos que ficaram em recuperação compareceram à prova final.
234. Nenhum de nós ***(aprovou/ aprovamos)*** a ata da reunião.
235. O tédio, a monotonia e a solidão, tudo a ***(abatia/ abatiam)***.
236. Os testemunhos, as provas, os documentos, nada o ***(convencia/ convenciam)***.
237. ***(A/ O)*** cólera é uma doença grave, causada por um vibrião.
238. A menina, muito meiga e educada, quer bem ***(os/ aos)*** pais.
239. O livro ***(de que/ que)*** você falou é muito bom. É parecido com o filme que lhe indiquei.
240. A enfermeira assistia ***(os/ aos)*** pacientes com muita dedicação.
241. Renato é ***(o/ a)*** personagem central da trama da nova novela.

242. Ela é *(a/ o)* personagem mais cativante da trama.
243. No baile, ela usava um belo vestido ***(cor de rosa/ cor-de-rosa)***.
244. As meninas ***(surdo-mudas/ surdas-mudas)*** estavam estudando em uma escola especial.
245. "Ana Z, ***(onde/ aonde)*** vai você?", pergunta-se a narradora do conto.
246. "***(Onde/ Aonde)*** você está, meu filho?", a mãe perguntou-lhe ao telefone.
247. Muitos se questionam se os Estados Unidos ainda ***(é/ são)*** uma potência bélica.
248. "Estados Unidos ***(fica/ ficam)*** fora do tratado sobre o clima", dizia a manchete.
249. A criança era ***(tal qual/tal quais)*** os irmãos.
250. Os ***(guardas-roupas/ guarda-roupas)*** foram doados antes da mudança para a nova casa.
251. Os ***(guardas-noturnos/ guarda-noturnos)*** vigiavam de seus postos, sempre ***(alerta/ alertas)***.
252. Os cadernos custam dez reais ***(cada/ cada um)***.
253. Os ***(sem-terras/ sem-terra)*** entraram em atrito com a polícia durante a manifestação.
254. Os trabalhadores ***(sem-terra/ sem-terras)*** reivindicavam seus direitos pacificamente.
255. Questões ***(técnico-administrativas/ técnicas-administrativas)*** devem ser resolvidas pelos ***(técnico-administrativos/técnicos-administrativos)*** da Faculdade.
256. É sempre mais aconselhável pagar ***(a/ à)*** vista do que a prazo.
257. Ó Manuel, já pagaste ***(seu Joaquim/ a seu Joaquim)*** o que lhe deves?
258. Ah, meu ***(paizinho/ paisinho)*** e minha mãezinha! Meu sonho é ir embora deste ***(paizinho/ paisinho)***!", disse a menina.
259. Havia muitos ***(papeizinhos/ papéizinhos)*** espalhados pelo chão do quarto.
260. Eles disseram para ***(mim/ eu)*** esperar aqui.
261. O ***(copo de leite/ copo-de-leite)*** é uma flor muito delicada.

262. Você gosta do doce conhecido como ***(pé-de-moleque/ pé de moleque)***?
263. Os ***(peixes-boi/peixes-bois)*** podem às vezes ser vistos no mar, onde há desembocadura de rios.
264. A seus pais, você deve ***(perdoá-los/ perdoar-lhes)***. Os erros deles, você também deve ***(perdoá-los/ perdoar-lhes)***.
265. Você se esforçou bastante, ***(porisso/ por isso)*** será recompensado.
266. É ***(por/ pôr)*** esse motivo que devemos ***(por/ pôr)*** as cartas na mesa e discutir o assunto com franqueza.
267. Faltei ao trabalho ***(porque/ por que)*** estava doente. Eis o ***(porque/ porquê)***.
268. Se ***(por ventura/ porventura)*** você tiver alguma dúvida, não hesite: entre em contato conosco.
269. Ela tirou uma boa nota ***(posto que/ porque)*** estudou muito.
270. A nova secretária, ***(posto que/ porque)*** lenta, era muito dedicada.
271. Ler é um hábito não só saudável, como também ***(prazeroso/ prazeiroso)***.
272. ***("Precisa-se/ "Precisam-se)*** de professores", dizia o anúncio no jornal.
273. O *site* anunciava: ***("contrata-se/ "contratam-se)*** professores".
274. Aquele que é ***(previnido/ prevenido)*** não vive a se remediar.
275. A ***(meteorologia/ metereologia) (previu/ preveu)*** chuva para esta noite.
276. Pode-se considerar um ***(previlégio/ privilégio)*** o acesso aos bens básicos necessários à vida.
277. De onde teriam ***(provindo/ provido)*** aquelas notícias falsas?
278. O doutor abandonou a ***(psicologia/ piscicologia)*** e passou a se dedicar à ***(psicultura/ piscicultura)***.
279. Quando vi Paulo, ***(cumprimentei-o/ o cumprimentei)*** pelas medalhas.
280. Em ***(que/ quê)*** você está pensando, amigo? Está pensando em ***(que/ quê)***?
281. Se você ***(quiser/ quizer)***, podemos falar sobre isso mais tarde.
282. Os que não estiverem ***(quite/ quites)*** com as obrigações militares estão passíveis de punição.
283. Ninguém reparou na ***(feiura/ feiúra)*** daquela boa ***(rainha/ raínha)***.
284. Depois do delicioso ***(ravioli/ ravióli)***, tomou uma tigela de ***(açaí/ açai)***.

285. Os ***(recém-casados/ récem-casados)*** viajaram para o Havaí em lua de mel.
286. O talentoso jogador bateu o ***(recorde/ récorde/ record)*** mundial.
287. Teremos que ***(revesar/ revezar)*** na tarefa, ***(a fim/ afim)*** de que terminemos mais cedo.
288. Todos estávamos exaustos, trabalhando em um ***(ritmo/ rítmo)*** alucinante.
289. No final do documento, o advogado registrou sua ***(rubrica/ rúbrica)***.
290. Para que ninguém notasse, saiu da festa ***(a/ à)*** francesa. Não queria ser um estraga-prazeres.
291. Comporte-se, ***(se não/ senão)*** você não vai ganhar o presente que prometi.
292. ***(Se não/ Senão)*** se comportar, você não vai ganhar presente no aniversário.
293. Se ninguém se ***(opor/ opuser)*** à proposta, prosseguimos com o plano.
294. Se ***(por ventura/ porventura)*** você ***(ver/ vir)*** Maria na festa, dê-lhe meu recado.
295. Se ele ***(manter/ mantiver)*** a palavra, entraremos num acordo.
296. Se você não se ***(contradisser/ contradizer)*** durante o depoimento, acreditarão na sua palavra.
297. Se Maria ***(vir/ vier)*** à festa, darei seu recado a ela.
298. Em ***(seção/ sessão)*** extraordinária, os parlamentares aprovaram o projeto.
299. Os eleitores deverão verificar em que ***(seção/ sessão)*** irão votar.
300. Não ***(seja/seje)*** uma pessoa impertinente. Procure sempre agir com ***(descrição/ discrição)*** para não causar constrangimento.
301. Deixe-me ser sincero ***(com/ para)*** você. Eu não concordo.
302. A palavra ***(substantivo/ substântivo)*** não recebe acento na segunda sílaba, pois não é uma proparoxítona.
303. O professor foi injustamente ***(tachado/ taxado)*** de intransigente por ser muito enérgico.
304. Os alunos não ***(tem/ têm)*** muita paciência com o professor; este, por sua vez, ***(tem/ têm)*** paciência com os pupilos.
305. Estes frascos ***(contém/ contêm)*** veneno, portanto tenha cuidado ao manuseá-los.

306. Este envelope ***(contém/ contêm)*** um documento confidencial.
307. Todos tínhamos certeza ***(de que/ que)*** ele se sagraria campeão.
308. Gostaria de dizer algo a ***(ti/ tí)*** e espero que me compreendas.
309. Eu ainda não havia ***(pagado/ pago)*** a conta, mas pensei que já havia sido ***(pagada/ paga)***.
310. Nem todo ***(o mundo/ mundo)*** pensa assim. Alguns enxergam um meio--termo nessa polêmica.
311. Todos os dias a moça ***(trás/ traz)*** flores para o namorado.
312. ***(Trata-se/ Tratam-se)*** de questões íntimas, sobre as quais não quero falar.
313. Ontem te procurei e não encontrei. Onde ***(estiveste/ estivestes)***?
314. ***(Tu/ Tú)*** sabes muito bem que nunca duvidei de ***(ti/ tí)***.
315. Uma nuvem de marimbondos ***(atacou/ atacaram)*** os trabalhadores.
316. Um terço dos alunos ***(conseguiu/ conseguiram)*** aprovação no exame final.
317. ***(Vá/ Vai)*** embora, eu já não te disse, Pedro?
318. Pedro, já pedi a você: ***(vá/ vai)*** embora, antes que seja tarde.
319. O tropeiro, vendo que, aparentemente, a lagoa não era profunda, ***(vadeou/ vadiou)*** hesitante até a outra margem.
320. Esquece um pouco o trabalho e vá ***(vadear/ vadiar)***, menina!
321. Os policiais, a muito custo, finalmente ***(conteram/ contiveram)*** o bandido.
322. ***(Vimos/ Viemos)*** aqui agora para conversarmos. Ontem também ***(vimos/ viemos)*** e não te encontramos aqui.
323. ***"(Viva/ Vivam)*** os noivos!", entoaram os convidados, com entusiasmo.
324. À moça, você deve ***(pedi-la/ pedir-lhe)*** em casamento.
325. A autorização, você deve ***(pedi-la/ pedir-lhe)*** a seus pais.
326. É preciso que você ***(requeira/ requira)*** o diploma na secretaria.
327. O ***(voo/ vôo)*** saiu atrasado devido às manifestações dos grevistas.
328. "Quem tem boca vai ***(a/ à)*** Roma", diz o ditado popular. Ou seria "vaia Roma"?
329. Já viajei ***(a/ à)*** Itália, mas não estive em Roma.
330. O montante de seus gastos era ***(vultoso/ vultuoso)***.

RESPOSTAS

Observação: Havendo duas respostas, separadas por uma barra, a preferencial, predominante (ou taxativamente prescritiva) é dada e primeiro lugar.

1. caro
2. a
3. a/ à
4. à
5. a gente
6. agente
7. aderiu/ aderiram
8. a/ à)
9. à vista
10. há
11. a
12. a/ à
13. à
14. à
15. à
16. à
17. a
18. à
19. a
20. abaixo
21. a baixo
22. absolvido
23. acerca
24. afim
25. a fim
26. aja
27. haja
28. seremos
29. será
30. analisar
31. amamo-nos
32. antediluviano
33. ao invés de/ em vez de
34. Em vez de/ Ao invés de
35. apóstrofe
36. apóstrofo
37. piscicultura
38. sequer
39. revezamento
40. a filmes
41. assoou, assuou
42. astigmatismo
43. atentou/ se atentou
44. atrás
45. os avisou
46. avisá-los
47. baiano
48. bastantes
49. bastam
50. à
51. a

52. bem-vindo, Benvindo
53. beneficente
54. Beneficência
55. à, a
56. laranja
57. cabeleireiro
58. cassado
59. contribuiu
60. caju, abacaxi
61. verde-oliva
62. castanho-claros
63. belga
64. a, a
65. é pouco
66. bastam
67. aderiram
68. cerração
69. sesta
70. a
71. à
72. a
73. à
74. cinquenta
75. Círio
76. Sírio
77. civis
78. cíveis
79. conosco
80. com nós
81. A
82. Companhia
83. companhia
84. cumprimentos
85. contém
86. contêm
87. mim
88. mim
89. Contratam-se
90. Precisa-se
91. Custou-me/ Custei a
92. Havia, a
93. de repente
94. a
95. àquele
96. de mais
97. demais, de mais
98. discrição
99. descrição
100. disenteria
101. despensa
102. dispensa
103. Desapercebida
104. despercebido/ desapercebido
105. distratar
106. destratar
107. à, o
108. dia a dia
109. dignitários
110. Dir-se-ia
111. realizar-se-ia

112. disfarçar
113. farsante, disfarçar
114. a
115. à
116. dividi-lo
117. Dois
118. pai dos burros
119. banana-da-terra
120. duzentos
121. necessária
122. necessário
123. preciso
124. o
125. toda / todo
126. simpatizo
127. ,e / e
128. a uma posição
129. assiste
130. interveio
131. Intervindo
132. dignou a / dignou
133. precaveram
134. a, às
135. sós
136. reouve
137. desavieram
138. anexo
139. anexos
140. imergindo/ emergindo
141. emergir
142. emigrantes
143. imigrantes
144. enxurrada
145. proibida / proibido
146. proibido
147. em
148. herbáceo
149. herbívoros
150. radicada
151. esotéricas
152. expectadores
153. espectadores
154. expiração
155. esplêndida
156. Esqueceu
157. esse, este
158. estada / estadia
159. estadia
160. à
161. a
162. ao
163. estágio / estádio
164. estádio
165. estender, extensão
166. histórias / estórias
167. esvaziar
168. a conheço/ conheço-a
169. intermedeie
170. mesma
171. mesmo

172. sua
173. soa
174. hesita, êxito
175. extravasam
176. faltavam
177. faz, Deve
178. está, Faz
179. feiura
180. figadal / fidagal (metátese)
181. flagrante
182. florezinhas / florzinhas
183. fluido
184. fluído
185. porque
186. a
187. gratuito
188. havia, Devia
189. são / é, é
190. paga / pagamos
191. pagamos
192. ideia
193. incipientes
194. insipiente
195. infringir, infligir
196. aos alunos
197. os alunos
198. ínterim
199. intercessão
200. interseção
201. item, itens
202. analisar, pesquisar
203. juízes, Juiz
204. a / à
205. lidar
206. compareceu
207. feriram
208. mal, mau
209. má, más
210. mal-educado
211. mal-estar
212. mandato
213. mandado
214. meio
215. é, meia
216. Havia, menos
217. meteorologia
218. ascendência
219. descendentes
220. São Paulo, que fica...
221. muçulmanos
222. obrigado
223. obrigada
224. À medida que
225. na medida em que
226. são / é
227. é, é / são
228. a ver
229. namora, faz
230. em / a
231. necropsia/ necrópsia

232. Nem um
233. Nenhum
234. aprovamos
235. abatia
236. convencia
237. A
238. aos
239. de que
240. aos / os
241. o / a
242. a / o
243. cor-de-rosa
244. surdas-mudas
245. aonde
246. Onde
247. são
248. fica
249. tal quais
250. guarda-roupas
251. guardas-noturnos, alerta / alertas
252. cada um
253. sem-terra/ sem-terras (substantivo)
254. sem-terras/ sem-terra (adjetivo)
255. técnico-administrativas, técnicos-administrativos
256. à
257. a seu Joaquim
258. paizinho, paisinho
259. papeizinhos
260. eu
261. copo-de-leite
262. pé de moleque
263. peixes-boi /peixes-bois
264. perdoar-lhes, perdoá-los
265. por isso
266. por, pôr
267. porque, porquê
268. porventura
269. porque
270. posto que
271. prazeroso
272. Precisa-se
273. contratam-se
274. prevenido
275. meteorologia, previu
276. privilégio
277. provindo
278. psicologia, piscicultura
279. cumprimentei-o / o cumprimentei
280. que, quê
281. quiser
282. quites
283. feiura, rainha
284. ravióli, açaí
285. recém-casados
286. recorde
287. revezar, a fim
288. ritmo

289. rubrica
290. à
291. senão
292. Se não
293. opuser
294. porventura, vir
295. mantiver
296. contradisser
297. vier
298. sessão
299. seção
300. seja, discrição
301. com
302. substantivo
303. tachado
304. têm, tem
305. contêm
306. contém
307. de que / que
308. ti
309. pagado / pago, paga
310. o mundo
311. traz
312. Trata-se
313. estiveste
314. Tu, ti
315. atacou/ atacaram
316. Conseguiu / conseguiram
317. Vá/ Vai
318. vá
319. vadeou
320. vadiar
321. contiveram
322. Vimos, viemos
323. Viva
324. pedir-lhe
325. pedi-la
326. requeira
327. voo
328. a
329. à
330. vultoso

ÍNDICE ANALÍTICO

ANOTAÇÕES

Impressão e acabamento
Gráfica da Editora Ciência Moderna Ltda.
Tel: (21) 2201-6662